佳言就业

林骥佳 著

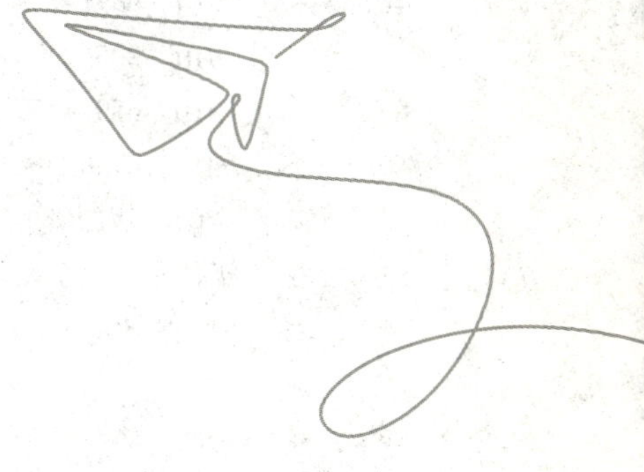

北京理工大学出版社
BEIJING INSTITUTE OF TECHNOLOGY PRESS

图书在版编目（CIP）数据

佳言就业 / 林骥佳著 . — 北京 : 北京理工大学出版社 , 2021.6

ISBN 978-7-5763-0014-7

Ⅰ. ①佳…　Ⅱ. ①林…　Ⅲ. ①大学生－职业选择　Ⅳ. ① G647.38

中国版本图书馆 CIP 数据核字（2021）第 133983 号

出版发行 / 北京理工大学出版社有限责任公司
社　　址 / 北京市海淀区中关村南大街 5 号
邮　　编 / 100081
电　　话 /（010）68914775（总编室）
（010）82562903（教材售后服务热线）
（010）68948351（其他图书服务热线）
网　　址 / http://www.bitpress.com.cn
经　　销 / 全国各地新华书店
印　　刷 / 天津市蓟县宏图印务有限公司
开　　本 / 710 毫米 ×1000 毫米　1/16
印　　张 / 12
字　　数 / 134 千字
版　　次 / 2021 年 6 月第 1 版　　2021 年 6 月第 1 次印刷
定　　价 / 46.80 元

责任编辑 / 高　芳
文案编辑 / 胡　莹
责任校对 / 刘亚男
责任印制 / 李志强

XU YAN

序言

骥佳老师的这本《佳言就业》，前后花了近五年的时间，如果以此为业，恐怕要饿死了，幸好他不是。这本书属于“无心插柳柳成荫”，是高校就业界包括我在内的同行不断劝说和鼓励的结果。他本人在写这些文章的时候，从未考虑过出版的事情。

本书内容为作者精选发表在高校就业圈中比较有影响力的个人公众号“哑琴有声”上的文章合集，分为职涯发展篇和就业实务篇。作者总结了自己多年以来在讲授职业发展与就业指导课程和接待咨询过程中遇到的学生们最有共性的问题，然后通过有趣的历史人物案例并结合中西方相关理论给予了解答。

本书与市面上常见的职业生涯理论教科书不同。作者在写作时结合了十几年的一线就业指导经验，用中国古典文学作品中耳熟能详的曹操、刘备、诸葛亮、司马懿等人的职场故事做底料，将当前西方职业生涯教育的主要理论进行了本土化再创造。本书针对影响个人职业生涯发展的兴趣、性格、能力、价值观，以及职业生涯决策内容，进行了基于中国传统文化背景的重新解读。文中涉及儒家、道家，甚至中医的理论与思想，很多观点都是作者基于职业生涯发展教育实践的原创。

本书除了分享思想观念的文章外，亦有解决大学生求职现实问题的策略性文章，例如简历制作、面试策略等，帮助同学们提高就业竞争力。同时，本书还涉及学生关心的档案、户口、报到证等常见的就业知识和政策，使学生少走弯路。

另外，作者曾就职于中石油吉林油田、中国人寿北京分公司、红太阳实业集团、《动画世界》杂志社等单位，阅历很丰富。书中也有他本人在职场成长过程中的感悟。可以说，这是一本老就业工作者的呕心之作。

我和骥佳老师相识多年。他常年致力于大学生职业生涯教育工作，而且非常热爱这个岗位。猎头公司曾两次以百万年薪作为条件，但他仍不为所动，因为他对大学生就业指导工作有着深深的情怀，这一点，和他本人一直强调的价值观在人的职业选择和发展中的重要作用是一致的。

很欣喜看到这本书的出版。就业工作是“度人度己”的工作，正如骥佳老师在北理工建立“摆渡人工作室”时所取的寓意一样，“迷时师度，觉时自度”。希望这本书能给读者带来收获。

教育部全国高校学生信息咨询与就业指导中心副主任 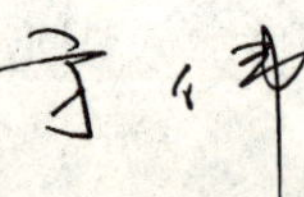

前言

说实话，本书的出版纯属意外。本书的内容原本只是零零散散地发表在公众号“哑琴有声”上的文章合集。五年前我在写这些文章的时候，目的很单纯，就是把自己对职业生涯发展的感悟和在具体就业指导工作中可能遇到的问题写下来，希望给大学生朋友们一个参考，这可以说是教师的一种“职业病”。没想到，有些文章发表出来后，虽然并没有去推广，但受到了学生和同行们的广泛关注，于是不断有朋友建议我把它写成一本书。

我自己不是一个职业生涯发展成功的案例，相反，倒是一个典型的反面教材。我本科学的专业是机械，因为缺乏职业生涯规划，从国企中石油吉林油田辞职后，卖过保险和保健品，当过编辑和记者，换过好几个风马牛不相及的职业，走了很多弯路，到中年之时才找到自己的职业锚。有鉴于此，我深刻体会到做好职业生涯规划的重要意义。

还有一个原因促使我出版本书。市面上，关于大学生职业生涯发展与就业指导的书很多，可谓汗牛充栋，但实际上，这些冠以“大学生”字样的作品绝大多数都不是给大学生看的，而是给老师们看的。随便找个十本八本放在一起比较，内容也都大同小异。帕森斯、舒伯、霍兰德、马斯洛、萨维科斯等西方学者的理论在不同的书里面反复出现。所以，我希望写一本真正给大学生看的，也真正让他们看得懂的书。本书的理论分析比较少，观念和实务的相关内容比较多，在形式上力求活泼生动，其中多数文章选取了历史人物和历史故事进行分析，尤其以大家耳熟能详的三国中的人物和故事为主。本书是随笔，而非论文。

本书有个缺陷，就是它并没有一个完整的理论体系，有西方心理学的、有管理学的、有中医的、有道家的、有儒家的。我不知道这是否严重，但内心一直惴惴不安。本书中有些内容是对西方职业生涯发展理论的本土化解读，例如《刘备的霍兰德代码》；有些内容是从中国传统文化的视角对个体职业生涯发展的阐述，例如《中医告诉你，之所以决策难，是因为“坎中虚，离中满”》。

好在本书并未试图去构建理论框架，本身也不是给专家、学者看的。如果读者在轻松的阅读过程中有一点点收获，就是对笔者最大的安慰。

在公众号“哑琴有声”中，最有意思的文章还是《关羽职场笔记》系列，但这部分内容更适合有职场经验的读者阅读，因此本书中并未收录，故有些遗憾。

从发表第一篇文章到现在，历时近五年，如此低产，在快节奏的当下实在不适合写书。

感谢家人和朋友们的支持与鼓励，感谢为这本书的出版付出辛劳的朋友们，感谢北理工的同事，我这个人很糟糕，但是我运气一直很好，谢谢你们！

林骥佳

MU LU

目录

职涯发展篇

1. 看诸葛亮如何给刘备做职业生涯规划 /002

2. 诸葛亮教你确定职业理想 /006

3. 解密曹操的职业生涯规划 /008

4. 刘备的霍兰德代码 /011

5. 八岁做导演九岁当大厨的孩子，告诉我们兴趣有多重要 /016

6. 关羽为什么会投降于曹操？原来是价值观的原因 /021

7. 马斯洛告诉你，为什么刘备的员工如此拼命 /027

8. 司马懿如此可爱，只因为他经常说这句话 /033

9. 李白怀才不遇，一生坎坷，主要原因在于不能正确认识自己 /038

10. 陆小凤、叶孤城、西门吹雪与能力三核 /043

11. 学霸刘禹锡：自我管理有多重要！ /049

12. 三顾茅庐，背后的真实原因没你想得那么简单 /059

13. 苏轼的职场人生，成也朋友圈，败也朋友圈 /064

14. 职场选择："跳槽"还是"卧槽"？ /074

15. 胸腔、俯卧撑和职业选择的关系，太让人意外！ /079

16. 中医告诉你，之所以决策难，是因为"坎中虚，离中满" /082

17. 为什么别人都能找到一份好工作，而你不行 /085

18. 从校园人到职场人的转变，就这"三斧子" /089

19. 司马懿：沉住气，慢慢来，不求成功，但求"功成" /092

20. 读懂了司马懿的小心思，职业选择一点都不难 /097

21. 看懂了孔子的年谱，你将不枉过此一生 /100

22. 职涯发展的最高境界：行到水穷处，坐看云起时 /105

23. 王维：职涯发展的三种境界 /110

就业
实务篇

1. 为什么司马懿会中空城计？和你的简历有关 /114

2. 简历，简约而不简单 /118

3. 写好简历，最重要的是破除这两个"执" /121

4. 庞统面试篇：试试挑战考官的权威？ /125

5. 庞统面试篇：掀起你的盖头来 /129

6. 终于明白，为什么女生面试时穿高跟鞋容易成功了，男生也要看 /133

7. 搞定面试头号难题：你最大的缺点是什么？ /135

8. 克服面试紧张的小窍门 /139

9. 面试最后一道附加题，很多人白白浪费了机会 /141

10. 小心！这些面试题表面上是闲聊，实则“暗藏杀机” /144

11. 她跟你一辈子，影响你一生，你却从未见过她 /148

12. 毕业生到单位报到后，发现档案丢失怎么办？ /151

13. 户口有多重要？苏轼告诉你：此心安处，便是吾乡 /153

14. 到国际组织实习、任职，这里有四盆冷水浇头 /156

15. 毕业了，请拿了报到证再走 /159

16. 关于创业，很少有人告诉你这几件事儿 /163

17. 西蜀刘备在大学生创业高端论坛上的发言 /167

18. 既已选择“二战”，还有什么需要挂念？ /172

19. 留学回来怎么办？ /175

20. 出国留学前，先落一个北京户口，这样的好事有没有？ /178

职涯发展篇

ZHI YA FA ZHAN

1. 看诸葛亮如何给刘备做职业生涯规划

现在一说到职业生涯规划，大家首先想到的就是以西方心理学为基础的理论体系。在大学里给学生做职业生涯规划辅导或者是讲授职业生涯规划的老师要是嘴里说不出舒伯、帕森斯、霍兰德的理论，不知道 16 种 MBTI 类型，都有点不好意思出来混。

可是上过我的课程的同学都知道，我很少讲心理学理论。一方面是因为我对此存在偏见，我认为那些把心理学理论奉为圭臬，只学得皮毛就“煞有介事”地给人咨询的老师的水平并不比街道居委会大妈高多少；另一方面是因为我是个不折不扣的“土包子”，玩不转这个模型、那个理论。我特别愿意拿中国传统文化中那些大家耳熟能详的故事来说事儿。

今天，咱就拿《三国演义》中的“隆中对”和大家分享一个高水平的职业生涯规划案例。

东汉建安十二年，也就是公元 207 年，刘备蜗居新野小县，要兵没兵，要粮没粮，要地盘没地盘，就是一个“三无”将军，还要时刻提防公司董事长刘表的小舅子蔡瑁的陷害，前途一片渺茫。经过三顾茅庐，好不容易见到了大神诸葛亮，于是刘备迫切地请求诸葛亮指点迷津。

“愿先生以天下苍生为念，开备愚鲁而赐教。”

孔明笑曰：“愿闻将军之志。”

大家注意，职业生涯规划的第一步开始了！在此之前，要先了解对方的志向，也就是**先确定终极奋斗目标。**

刘备回答：“我们刘家王朝已经大厦将倾、名存实亡了。我不自量力，想伸张正义，为国除奸，振兴汉室，您看该怎么办呢？”

刘备也没有藏着掖着，他的职业生涯终极目标就是统一天下、成就帝业。

在刘备确定终极奋斗目标之后，诸葛亮为他做了四件事：

一是认识环境。诸葛亮为刘备详细分析了竞争对手的情况。曹操“拥百万之众，挟天子以令诸侯”，不能和他硬碰硬（此诚不可与争锋）；孙权“据有江东，已历三世，国险而民附”，只能跟他联合，不能打他的主意（此可用为援而不可图也）；荆州北面是汉水和沔水，南面是广东、广西（利尽南海），东边连着江苏、浙江（东连吴会），西边通到重庆、四川（西通巴、蜀），这是我们施展身手的好地方（此用武之地），而且它的主人病情严重，看情况不久就要“挂”了；“益州险塞，沃野千里，天府之国”，但它的主人刘璋暗弱，手下人早就盼着换领导，因此这块地方刘璋也守不住。所以，荆州和益州才是适合刘备创业的根据地。

二是认识自己。诸葛亮分析了刘备的三大优势。一是出身好（将军既帝室之胄），中山靖王之后，汉景帝之玄孙，而且当今皇帝已被曹操控制，因此刘备具备将来继承大统的合法性；二是口碑好（信义著于四海），深得人心；三是团队已经有了一定的人才基础（总揽英雄），如关羽、张飞、赵云等，而且“思贤如渴”，因此以刘备的号召力，不愁没人才辅佐。诸葛亮通过对刘备个人条件的分析，让刘备坚定了必胜的信心。有意思的是，当刘备说刘璋与其同宗，不忍夺兄弟的基业时，诸葛亮还给刘备做了一下心理疏导：刘璋暗弱，就算你不要他的地盘，别人也会抢走，别有心理负担。

三是分解目标。“知己知彼”之后，诸葛亮将总目标分解为三个阶段性目标。**短期目标**是“先取荆州为家”，**中期目标**是“取西川建基业，以成鼎足之势”，**远期目标**是夺取中原、统一天下。三个目标环环相扣。

四是制订行动计划。有了职业规划的具体目标还不够，诸葛亮又为刘备制订了具有可操作性的行动计划。计划主要包括六个方面：一是夺取荆州和益州，建立根据地（跨有荆、益）；二是加强国防（保其岩阻）；三是采取“西和诸戎，南抚彝、越”的民族政策，搞好民族团结，解除后顾之忧；四是在外交上“外结孙权”，共同对抗曹操；五是在内政上整顿吏治、完善法理，练好内功（内修政理）；六是待时机成熟，派一员大将从荆州出发，取道宛城，挺进洛阳，亲率益州之众以出秦川直抵西安。如果能按照这个计划来行动，“则大业可成，汉室可兴矣”。

这就是诸葛亮为刘备做的职业生涯规划。虽然跨越千年，但与我们今天的职业生涯规划的套路相比，一个要素都不少，而且它是如此成功！刘备凭借这个规划成就了“三分天下”的霸业。后来刘备集团的关羽背离了这个规划中“外结孙权”的外交政策，结果失去了荆州根据地，关羽本人也战死了。后来，刘备继续违背这一既定路线，结果兵败夷陵，病死白帝城，最终未能实现帝业，不能不令人扼腕叹息。

2. 诸葛亮教你确定职业理想

在罗贯中的《三国演义》中，出场英雄虽多，但真正的男一号是诸葛亮。

诸葛亮号称“卧龙”，有经天纬地之才。他在政治、经济、军事、外交方面出类拔萃，属于全能型选手。

有人不禁要问：既然诸葛亮这么有才，后期又大权在握，为什么不取代“小屁孩”刘禅，自己当皇帝呢？

对于这个问题，诸葛亮自己给过答案，就是为报答刘备的知遇之恩。“然侍卫之臣不懈于内，忠志之士忘身于外者，盖追先帝之殊遇，欲报之于陛下也”。

但最核心的原因是：诸葛亮的职业理想从来就不是当皇帝。

这源于诸葛亮对自己的清醒认识。

我们今天讨论职业理想，要思考三个问题：身在何方？欲往何处？有何资源？

身在何方？就是指你对自己的全面了解，包括兴趣、能力、价值观，等等。

如果要当皇帝，诸葛亮最不缺的就是能力。他缺的是资源。

看看三国时期的另外两个大 boss：

曹操，太尉曹嵩的儿子，典型的官二代。而且其宗族人口众多，人才济济。

孙权，孙武的后代，乌呈侯孙坚的儿子，也是官二代，又从哥哥孙策那里继承了公司的全部股权和人马。

这两人都不是白手起家。

有人说，刘备也是草根出身，赤手空拳出来创业的啊。但刘备有着得天独厚的资源。刘备是汉室宗亲，中山靖王之后、汉景帝之玄孙，这是他最大的无形资产，所以刘备可以打出“匡扶汉室”、“拯救苍生”的旗号。刘备称帝，在史家看来就是继承正统。

所以，青年诸葛亮在给自己做职业生涯规划的时候，“当皇帝”根本就不在选项里面。找个好老板，“出将入相”倒是最现实的选择。

有句话叫“知人者智，自知者明”，故这正是诸葛亮的明智之选。

而且，诸葛亮确定职业理想的方法也很值得我们借鉴。那就是他直接选择了两个人做他的职业偶像。

《隆中对》中有记载：“亮躬耕陇亩……每自比于管仲、乐毅，时人莫之许也。”管仲和乐毅，一相一将，在历史上是典型的辅佐型人才。选这两个人作偶像，也就定位了诸葛亮的职业发展目标。

所以，当你无法确定自己的职业理想时，可借鉴诸葛亮的方法，思考你未来想成为谁，也就是以谁为职业偶像。

3. 解密曹操的职业生涯规划

曹操，字孟德，小字阿瞒，沛国谯县（今安徽省亳州市）人。关于曹操，我想就不在这里浪费笔墨了吧。曹操这个人在《三国演义》里口碑不好，属于“人见人踩、花见羞开”那一类型的。但仔细研究一下他的职业生涯发展历程，却很有意思，也很有启发。

公元210年，曹操受封武平侯，其封地增加阳夏、柘、苦三县，已达人臣之极。人们私下里议论纷纷，都认为曹操即将篡位。曹操为了给自己正名，写了一篇《让县自明本志令》。在这篇文章里，曹操对自己的职业生涯历程做了详细的回顾。感兴趣的同学可以找来读一读。在这里，我们直接看看这篇文章能带给我们哪些启示。

在职业发展的不同阶段，都有明确的奋斗目标

出乎意料的是，初入职场的曹操一开始并没有立下远大的志向，这可能和他的出身有关。曹操的父亲是宦官曹腾的养子，出身于这样的家庭，在当时是一件很没面子的事情。

所以曹操说：“我被举孝廉后，知道自己没啥名气，生怕被天下人看不起，立志做一名郡守（相当于市长），想要通过做好一个郡的政教，建立名誉”。后来当朝廷任命曹操为典军校尉的时候，他的志向是有朝一日能成为征西将军（相当于方面军的统帅）。等干掉政治对手袁术、袁绍、刘表，做了宰相后，他的志向进而是希望如周公姬旦那样，做辅汉名臣，流芳千古。曹操的职业生涯历程虽然并不是一帆风顺的，但总体上也是奋斗目标由小到大的过程。

老师和家长都希望同学们志存高远。诚然，拥有远大的理想是飞得高的内在动力。但如果要飞得远，还要有强有力的翅膀作为支撑。

如果你的翅膀不足以撑起梦想的重量，那么就学学曹操，分阶段一个一个地实现那些触手可及的小目标，这样你的羽翼就会在不断实现小目标的过程中逐渐丰满，然后你才能在广阔的天空中翱翔。

如果你不知道奋斗目标，试着给自己写墓志铭

每当使尽浑身解数，也无法帮助来访者确定未来的奋斗目标时，职业生涯规划师都会使出最后的撒手锏，那就是请来访者给自己写一段墓志铭。

但这一方法的版权看来应该归曹操所有。在朝廷重新起用曹操之后，曹操的志向由郡守变为征西将军，盼望死后把“汉故征西将军曹侯之墓”刻在自己的墓碑上。

这的确是确定人生终极目标的最好方法。假如你明天就会死去，你希望别人怎么评价你的一生？

盖棺论定，最后的结论才是你最看重的，如果你不在最后时刻欺骗自己的话。

你的人生不一定由你书写，是机遇造就机遇

曹操在洛阳北部尉（相当于县公安局局长）的岗位上起家，一路升到济南相，基本上实现了他当市长的职业理想。但是他因为得罪豪强，为避免迫害而不得已回乡隐居。这个时候的曹操只能韬光养晦，静观时局变化。黄巾之乱给了曹操东山再起的机会。曹操因为参与平定黄巾之乱，被任命为都尉，后升为典军校尉。在征讨黄巾的过程中，曹操充分发挥了自己的文韬武略，不仅获得了根据地，还招揽了一大批人才，收编了黄巾败军三十余万，获得了征伐天下的最大资本。

机遇从来都是留给有准备的人的。同时，眼前的机遇也会造就新的机遇。所以，当命运之笔掌握在你的手里时，就要珍惜机会，毫不犹豫地尽情书写。否则，你的人生就有可能由别人来书写。

所以，提醒那些热衷于制订完美职业生涯规划的同学们：**职业生涯规划的核心是行动。如果不行动，再美好的规划也是“鬼话”！成功不是设计出来的，而是做出来的！**

4. 刘备的霍兰德代码

《三国演义》记录了这样一个故事：刘备战败，不得已投靠远房亲戚刘表，被安置在新野县城。

原以为在低房价的六线小城里能过上几天安稳日子，可没想到脚跟还没站稳，曹操就命夏侯惇为都督，于禁、李典、夏侯兰、韩浩为副将，领兵十万，浩浩荡荡直抵博望城，准备进攻新野。此时的新野县城只有几千兵马。大敌当前，人心惶惶。

一天，诸葛亮来找刘备商量对策，见刘备手里拿着牦牛尾，正一丝不苟、专心致志地织帽子。诸葛亮大失所望，正色道："主公是不是不再有高远的志向了，竟然干这种小事消磨时光？"刘备听了非常惭愧，连忙解释道："哪里哪里，我就是拿这个消遣消遣，借以排解忧愁而已。"

上学时读《三国演义》读到这里，我非常纳闷：既然刘备要排解忧愁，那罗贯中何不安排他弹弹古琴、下下围棋，表现一下风雅呢？实在不济，舞舞他的双股剑也行啊，也有个英雄样儿。拿个牦牛尾织帽子，让人感觉窝窝囊囊。

如今学习了霍兰德的兴趣理论，再读《三国演义》，我就理解了刘备的行为，这正是他人格特征的正常表现。刘备不是文艺青年，弹琴、下棋原本就不是他的兴趣；做手工却是他的特长。这样描写刘备，反倒更真实可信。

美国著名职业生涯指导专家、约翰霍普金斯大学教授霍兰德将职业选择看作一个人人格的延伸。而兴趣作为人格内在的倾向性，是职业选择中普遍使用的概念。霍兰德认为，个体的兴趣可以影响其对职业的满意程度，当个体所从事的职业和他的兴趣类型相匹配时，个体的潜力可以得到最大限度的发挥，工作业绩也更加显著，满意度和幸福感也就更强。通过研究，霍兰德将兴趣分为六种类型：

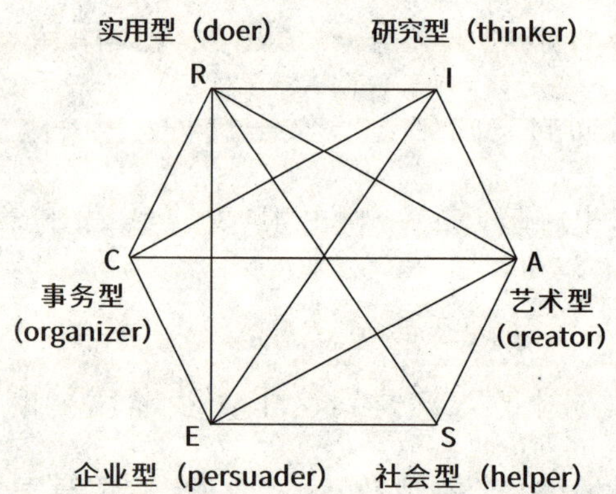

实用型（R）。特点是善于使用工具来从事操作性工作，动手能力强。通常喜欢独立做事，不善言辞。典型职业如计算机硬件人员、制图员、装配工、木匠、技工、修理工等。代言人如鲁班。

《三国演义》开篇对刘备有段介绍：“玄德幼孤，事母至孝；家贫，贩屦织席为业。”这说明刘备具备实用型兴趣的特征，所以他在心情紧张的情况下做手工也就不足为奇了。

社会型（S）。特点是喜欢与人交往、善言谈、愿意帮助别人，渴望发挥自己的社会作用。典型职业如教师、咨询人员、护士、社工人员。代言人如孔子。

企业型（E）。特点是善于制定规则、影响他人，追求权力、权威，具有领导才能，喜欢竞争、敢冒风险，有野心、有抱负。典型职业如销售人员、政府官员、企业领导、法官、律师等。代言人如秦皇汉武、唐宗宋祖。

研究型（I）。特点是抽象思维能力强，刨根问底，求知欲强，肯动脑、善思考，喜欢独立的、富有创造性的工作。典型职业如科研人员、哲学家、工程师、电脑编程人员、医生等。代言人如爱因斯坦。

艺术型（A）。特点是有创造力，乐于创造新颖、与众不同的成果，渴望表现自己的个性、实现自身的价值。做事理想化，追求完美，不重实际。具有一定的艺术才能和个性。典型职业如诗人、画家、演员、建筑师、作曲家、广告制作人等。代言人如李白。

事务型（C）。特点是尊重权威和规章制度，喜欢按照计划办事，细心、有条理，习惯接受他人的指挥和领导，喜欢关注实际和细节情况，通常较为谨慎，不喜欢冒险和竞争。典型职业如秘书、档案管理员、会计、图书馆管理员等。事务型的人要找一个耳熟能详的代言人还真不容易。

霍兰德所划分的六大类型并非是并列的，而是有着明晰的边界的。他用正六边形标示出了六大类型的关系。相邻关系的两种类型之间共同点较多；相隔关系的两种类型之间共同点较少；相对关系的两种类型之间共同点则非常少。比如一个人既是 A 型（艺术型）又是 C 型（事务型）的情况就比较罕见。

一个人并非只有一种兴趣。将最强的三种兴趣的代码按顺序排列出来的就是“霍兰德代码”，也被人称为“霍兰德密码”。

霍兰德将其职业兴趣类型理论运用于美国劳工部制定的职业条目词典中，赋予其中 12 099 种职业霍兰德兴趣类型代码，编纂了《霍兰德职业代码词典》，以便人们按照自己的职业兴趣类型搜寻合适的职业。方法是先借助霍兰德职业兴趣量表测量出自己的霍兰德代码，然后在《霍兰德职业代码词典》中按图索骥，寻找适合自己的职业。

霍兰德职业兴趣类型理论于 1959 年被提出，直到现在仍然是职业生涯咨询行业中最重要的理论基础之一。

如果今天刘备也来个霍兰德代码测试，我想排在第一位的应该是企业型（E），作为蜀汉的开国皇帝，他首先是一个出色的领导；其次是社会型（S），他善于团结群众，调和内部不同派系之间的关系，并且爱民如子；第三才是实用型（R），虽然他在职业生涯初期曾靠编织草席来维持生计，但这在他的整个职业生涯中还是微不足道的，只是偶尔被用来给心理放个风而已。所以刘备的霍兰德代码是ESR。

5. 八岁做导演九岁当大厨的孩子，告诉我们兴趣有多重要

这篇特殊的文章起源于我九岁的儿子。

我的儿子上小学三年级，在疫情开始以后特别痴迷于做饭，然后将其拍成视频在公众号上分享。今天晚上，小家伙找我，问我能不能在公众号上推广一下他的“黑猫遐想”公众号，那里面有他制作的美食教程“呱食记”，他想增加自己的粉丝量。我一听就愣住了，小小年纪都已经在乎粉丝的多少了！

我说：“爸爸的公众号推送的是关于职业发展的内容，是给大学生看的，不适合发美食类的东西。”

他锲而不舍，不断央求。突然，在那一瞬间，儿子的这种对某一件事痴迷的精神感动了我，使我想到兴趣对人的发展的巨大影响。这也是我们研究职业生涯发展的一个典型案例。

小家伙经营了公众号一个月，竟然把各类文章和视频都做了分类，根据关键字设定了自动回复内容，而且设计了调查问卷和部分文章的标题模板，刚刚又自己手绘了公众号的 logo。他做的这些工作，是我自开通公众号四年以来一项也没做过的。对于他研究的广告主、流量主和赞赏功能，我也一无所知。

呱呱梦想的厨房（呱呱画）

还有，他上学期开始痴迷于做导演。他在同学中召集了几个小演员，成立了摄制组；自学了视频剪辑软件，学会了制作特效和在优酷上推广；购买了一些拍摄辅助器材和道具，连场记板都有，还想购买用于空中拍摄的无人机；平时看到视频就研究它的拍摄方法和角度；放学后煞有介事地和“主创人员”开会研究剧本；电影拍完之后还要给演员发工资（一片煎饼或一块牛肉干）；晚上为上传视频可以等到凌晨才睡……看起来特别好笑，但又不得不佩服这些孩子的认真劲儿。原因无他，就是单纯地喜欢而已。

呱呱想象大导演的拍摄场景

天才，就是强烈的兴趣和顽强的入迷——日本作家、教育学家木村久一。

这个儿童"导演"和"大厨"的故事让我重新认识到兴趣对职业生涯发展的影响。从孩子身上，我们看到，**兴趣使工作不再是一种负担，而是一种享受**。

兴趣可以调动人的全部精力，使人以敏锐的观察力、高度集中的注意力、丰富的想象力来投入工作。曾经有人做过一项研究：如果从事自己感兴趣的工作，则能发挥全部才能的80%~90%；而从事自己不感兴趣的工作，只能发挥全部才能的20%~30%。

爱迪生每天都在实验室工作十几个小时，甚至在实验室吃饭睡觉，但他并不觉得苦。他说："我一生中从未间断过一天工作，我天天其乐无穷。"对工作投入如此，真是想不成功都难。正如日本作家、教育学家木村久一所说："天才，就是强烈的兴趣和顽强的入迷。"

在现实生活中存在一个怪现象：一方面，我们觉得兴趣很重要；另一方面，出于对功利的考量，我们又不断打压或抛弃兴趣。这在高考志愿填报的时候表现得尤其明显。家长在征求我的意见时，他们中的大多数人都会问一类问题：什么专业将来就业好呀？但很少有人考虑孩子的兴趣。这个问题还是好的，毕竟关注了就业质量。再低一级的问题就是：什么专业将来好就业呀？这就没什么追求了。

我们过来人经常会有意无意地提醒年轻人：理想很丰满，现实很骨感。要认清现实，做出符合实际的明智选择。实际上，这句话暗含的意思是：我们更重视现实的限制，而忽略了兴趣的主观能动性。

虽然我们做了几十年的研究，但预测个人职业选择最有效的方法是询问这个人自己想做什么——美国职业指导专家约翰·霍兰德。

正是因为兴趣的重要性，职业指导师们在面临职业选择或职场适应类问题时，一般都会询问来访者的兴趣是什么，或者帮着来访者做兴趣的自我探索。

但兴趣的另一个特点是可变性：兴趣是动态的，不是静态的。

也许刚开始时我们只是觉得某个事物**有趣**，然后亲自实践，体会到**乐趣**。长期的实践和持续不断的正反馈培养出稳定的**兴趣**。当然，最理想的状态是把兴趣与价值观、职业理想相结合，使其发展为**志趣**。

职业指导师最容易犯的一个错误就是静态地看待兴趣，总是不分年龄大小，基于当下的兴趣做出指导意见。要知道，人在青少年时期，兴趣的特点是广泛而不稳定的。年龄越低，兴趣变化越大。就比如我的儿子，喜欢过音乐，乐感也很好。当我们考虑是不是要培养一下他这方面的能力时，他又喜欢搭积木了；当我们考虑要不要培养一个未来的建筑师时，他又喜欢变魔术了。然后又想当导演，又想做大厨了……我们不知道他的兴趣最终会稳定在哪些方面，只是庆幸没有急功近利，胡乱干扰他的自由发展。

好了，当下面临职业选择的你，如果不想听那些所谓的“人生导师”的建议，就问自己一个简单的问题吧：我喜欢做什么？

6. 关羽为什么会投降于曹操？ 原来是价值观的原因

关羽，字云长，河东郡解县（今山西省运城市）人，东汉末年刘备集团著名的“五虎上将”之首，兼任荆州分公司总经理。关羽在《三国演义》的男神团里，至少能排在前三名，是智勇双全的代表。

关羽去世后，被民间尊为“关公”。历代朝廷多有褒封，从“汉寿亭侯”（一个“乡镇级”待遇的赐封），到宋代“义勇武安王”，再到清代“忠义神武灵佑仁勇威显护国保民精诚绥靖翊赞宣德关圣大帝”，名字越来越长，名头越来越响，最后成为与“文圣”孔老夫子齐名的“武圣”。

可是这样一个“人见人爱、花见花开，一树梨花压海棠”的宇宙超级无敌的偶像，却在其职业生涯中有过短暂投降于曹操集团的经历，成了“粉丝”和诟病者争论的焦点。关于关羽投降于曹操的真正原因，正史语焉不详、野史传说不一、民间演绎不断、学者众说纷纭。林老师无意求证历史的真伪，因此今天我们只从《三国演义》给出的理由里看看能淘到什么有用的东西。

建安五年，也就是公元200年，曹操东征刘备。刘备战败，匹马投青州。关羽守下邳，寡不敌众，又中了埋伏，被曹军围困于小土山之上。连续几番突围，都被乱箭射回。此时，摆在关羽面前的道路只有两条：要么死，要么降。正好曹操爱惜关羽是个难得的人才，于是让关羽的老朋友张辽前来劝降。

关羽开出了投降的三个条件：一是在名义上“只降汉帝，不降曹操”；二是必须照顾好刘备的两位夫人，不许闲人打扰；三是一旦得知刘备的去向，不管千里万里，定要随他而去。

曹操答应了关羽的条件。

关羽投降，绝不是因为怕死，因为后期关羽也曾经被东吴孙权俘虏，但是他慷慨激昂、宁死不屈。从关羽开出的条件来看，促使他决定投降的真正原因，总结起来就一个字：义。

一是国家大义。彼时关羽效忠的朝廷仍在，汉献帝还是名义上的皇帝，因此他说“只降汉帝，不降曹操”，这样即便投降于曹操，也还可以说是为东汉政府打工。因为刘备反对曹操，也是借汉献帝的名义。

二是兄弟情义。关羽之所以不选择战死，是因为他想保护大哥刘备的夫人。同时，刘备下落不明，“留得青山在，不怕没柴烧”，如果刘备还活着，那么他就还有机会重新辅佐刘备。

这也很好地呼应了桃园结义时老哥仨的誓词：“念刘备、关羽、张飞，虽然异姓，既结为兄弟，则同心协力，救困扶危；上报国家，下安黎庶。不求同年同月同日生，只愿同年同月同日死。皇天后土，实鉴此心，背义忘恩，天人共戮！”

后来的事实证明，关羽确实拒绝了曹操高官厚禄、宝马美人的诱惑。当他知道“备出没”的消息时毅然决然地离开了曹操，“过五关、斩六将”，克服艰难险阻，一路追寻，够哥们儿、够义气。清初文学批评家毛宗岗也因此称其为“《三国演义》三绝”之“义绝”。

行文至此，同学们会问我到底想说什么，是交朋友就交关羽这样的朋友？当然，你能交到关羽这样的朋友自然是一大运气！但是大家知道，本书的关键词是“求职”“职场”“就业”“职涯发展”。借此机会，我们谈一谈价值观在职业选择和生活中的重要性。

关羽面临生死选择的时候选择的是“义”，“义”就是关羽的核心价值观。设想，如果关羽已经知道刘备战死，刘备的家小也都被处决，他还会选择投降吗？一定不会，他会舍生取义。

我们来说说价值观。价值观在教材里有一个常见的定义，即我们在生活和工作中所看重的原则、标准和品质。

美国职业生涯大师舒伯认为：**职业价值观是个人追求的与工作有关的目标。**亦即从事满足自己内在需求的活动时所追求的工作特质或属性，是个体价值观在职业问题上的反应。

如果你觉得老外的描述拗口，那么你可以这样理解：**价值观就**

是你无论从事什么工作，都会努力在工作中追求的东西，也是你在工作中最想得到的东西。

价值观在你的职业生涯发展中，特别是在职业选择中往往起到极其重要，甚至是决定性的作用。其作用甚至可能超过兴趣、性格对你的影响。例如，找一份稳定但收入一般的工作，还是找一份收入高但挑战性极强且不稳定的工作？去一个发展已进入平台期的世界闻名的大公司，还是去一个刚刚起步但高速发展的小公司？这背后其实就是价值观在起作用。

毕业生在选择工作时一般考虑四大要素：值得干（有意义）、喜欢干、能胜任、有收获（物质回报等），涉及价值观、兴趣和能力。

如果一份工作同时满足既有意义，自己喜欢且能胜任，还能得到不错的物质回报，这无疑是一份好工作。但“天上掉馅饼”的事情不多，要找到同时满足以上四个条件的工作更是难上加难。大多数同学要在这四个维度中反复挣扎。

据我观察，随着年龄的增长，工作“有意义”的重要性会逐步显现出来。在工作中，兴趣可以培养，性格可以适应，能力可以提升，但价值观就像一个人的宗教信仰一样，不容易改变，且深刻地影响着一个人对工作成果的最终评价。

当然，除了个人价值观，文化的价值观同样影响着我们的职业选择和发展。职业辅导理论家高特弗莱德森提出了职业选择上的“限制与妥协”理论。她认为，人们在遇到环境限制时，在职业选择上通常最先放弃的是兴趣，其次是社会地位，最后是性别角色。但针对美籍华人和中国人的调查都显示，他们最后放弃的是社会地位。社会群体的价值观的影响力超过了个人价值观。

一个人越清楚自己的价值观，就会越了解自己在工作和生活中最想要什么，那么其职业生涯发展目标也就越清晰。而当现实与理想发生冲突，鱼和熊掌不可兼得时，其更容易做出决策。

说了这么多，问题来了，我想要的实在太多，家庭、健康、自由、安全感、创造性、金钱、名誉，等等，我都想要，那么我该如何澄清自己的价值观？哪一个才是我最核心的价值观？

对此，美国教育家罗伊斯·拉舍（Louis Raths）给出了操作性的答案（请允许我抛开教科书中的翻译原文，用自己的理解来解释）。拉舍认为，一个真实的价值观需要具备三个特征：

一是选择。它是你从众多的价值观中，经过独立思考，自由挑选出来的，没有来自爸妈和外界的压力。

二是珍视。它像你的恋人，“情人眼里出西施”。你拿它当宝贝，为它感到自豪。

三是行动。始终如一地按照你的价值观进行选择和行动。

对于某种价值观，如果你认为它符合这三个特征，那就说明它真的有价值，是你的核心价值观；如果你认为它不符合以上三个特征，那你就需要重新思考自己最看重或最想要的是什么。例如，有人从八宝山参加完追悼会后回来说“健康”是最重要的，可他每天工作到凌晨三点，这肯定不是他真实的价值观。对他来说，工作带来的“成就感”可能是他最看重的。

以上方法仅供大家参考。感兴趣的同学可参阅拉舍与其另外两个伙伴合著的《价值与教学》这本书。当然，我也知道，你要么没时间，要么对此不感兴趣。

7. 马斯洛告诉你，为什么刘备的员工如此拼命

最近读《三国演义》时发现了一个有意思的现象，就是出身最差、实力最弱的刘备却拥有一个“黄金”团队。

看东汉末年的其他几位大佬：曹操的老爸是太尉曹嵩，大旗一扯，老曹家和夏侯家（此处不讨论曹家和夏侯家的复杂关系）的能人都聚集麾下；孙权的老爸是乌程侯孙坚，且孙权从哥哥孙策手里继承了公司的全部股权和人马；袁绍的老爸是司空袁逢，老袁家“四世三公，门生故吏遍天下”，手底下最不缺的就是人才。

只有刘备既不是“官二代”，也不是“富二代”，以织席贩履为业，是真正的“草根”出身。刘备大半辈子都在颠沛流离中度过，年近半百了还没有自己的根据地，只能带着小弟四处给人打工蹭饭吃。

可就是这么一个看不到前途的小公司，在不同时期都有牛人不断加入。文有分别号称“伏龙”“凤雏”的诸葛亮和庞统共同辅佐，简直就是双核 CPU 配置；武有勇冠三军的关羽、张飞、赵云、魏延、黄忠、马超冲锋陷阵，一水的荷尔蒙爆棚的偶像男神。虽然人员规模不大，但个个业务精良、忠心耿耿、兢兢业业。那么，是什么原因让这些业内精英心甘情愿地为刘备效力呢？

愚以为，原因是刘备对员工需求的了解并恰当地使用了激励办法。

美国心理学家马斯洛把需求分成五个层次，分别为生理需求、安全需求、爱和归属感、尊重、自我实现，这五个需求以金字塔的形式依次由低到高排列。其中自我实现的需求在金字塔尖，是充分发挥潜能、实现个人理想和抱负的需求。人们按照这个层次逐级追求自身需求。

马斯洛需求的五个层次

人最迫切的需求才是激励人行动的主要原因和动力。

刘备吸引人才的秘密也正是掌握了员工的迫切需求，并及时地给予满足。

例如，**诸葛亮的需求是自我实现。**诸葛亮有着“凤翱翔于千仞兮，非梧不栖；士伏处于一方兮，非主不依”的强烈事业心。

对于这样的员工，刘备不仅给予他充分的信任和尊重，还大事小事言听计从，给他施展才能的最大平台，以至于诸葛亮感动于老板的知遇之恩，鞠躬尽瘁，死而后已，在刘备死后接茬辅佐刘禅，成了公务员的第一典范。

张飞的需求是爱和归属感。桃园创业之初，刘备一穷二白，张飞反倒是最大股东，出钱、出人、出武器，跟着刘备完全是因为一个“义”字。对于这样的员工，最大的激励就是给他爱和归属感。

在《三国演义》第十四回《曹孟德移驾幸许都　吕奉先乘夜袭徐郡》中，吕布夜袭徐州，张飞大败，只带着几十个小弟跑路，把刘备的妻子也给丢了。正当张飞无地自容到要自杀时，刘备说了句千年以后还让男人激动、让女人痛恨的话：兄弟如手足，妻子如衣服。衣服破，尚可缝；手足断，安可续？听了这样的话，哪个男人不感动，哪个员工不愿意跟着这样的老板干！？

张松的需求是尊重。张松给刘璋打工，虽然有才但“颜值”低，《三国演义》中说此人“生得额钁头小，鼻偃齿露，身短不满五尺，言语有若洪钟”。张松出使许都时，本打算投靠曹操，却受到曹操的轻视和怠慢。

正当心理阴影面积巨大的张松返程经过荆州地界的时候，刘备派赵云在高速路口迎接，派关羽在宾馆门口等候，并且让他们两个陪着张松吃工作餐。最后，刘备带着公司的大小领导亲自迎接，一连三天超规格宴请，走时十里长亭相送，这使张松的自尊心得到了极大的满足，于是心甘情愿地做了刘备的间谍和内应，为其兼并益州刘璋集团打下了良好的基础。

刘巴的需求是安全。刘巴是荆州名士，对刘备一贯不感兴趣。刘巴先是跟着曹操混，奉曹操的命令招降长沙、零陵、桂阳三郡，没成想赤壁之战曹操大败，刘备占领了这三郡。诸葛亮趁机写信劝他归顺刘备，但他反而投靠了刘璋。后来刘璋请刘备入川时，刘巴坚决反对，因此刘备对他怀恨在心。刘璋战败投降，照理刘巴的小命难保了，可是刘备不但没找他算账，反而说“谁要害刘巴，我灭他三族”，并委以左将军西曹掾的重任，自此刘巴便死心塌地、殚精竭虑，为魏蜀汉政权贡献自己的聪明才智。刘备登基时所需的各种祷文、诏诰、文书就是刘巴起草的。

文章写到这里，有同学会问：林老师难道不再谈毕业生就业，改弦易辙讲领导艺术了？非也，马斯洛的需求层次理论不只是对领导人有用，对毕业生求职同样有帮助。

也有同学会问："难道说我的需求在生理层面，老板就会给我涨薪，再多加几天带薪休假，在安全层面就会给我买保险和增加福利保障，在爱和归属感层面就会给我关怀和温暖，在尊重层面就会给我无上荣誉，在自我实现层面就会给我更大的事业平台吗？"

我只能说："同学，醒醒，天亮了。"

只有在用人的时候，老板才会考虑这些激励机制。而且，**你应该是这样一种员工：你离开公司后照样混得好，但公司离开你后却玩不转。**

选人的时候，老板可不会这么想。那么，老板选人的时候会怎么想呢？

在能力可以胜任工作的情况下，如果求职者的需求是在自我实现和尊重层面的，留下；在爱和归属层面的，来个心理测试再说；在安全层面的，根据公司情况考虑考虑；在生理层面的，没啥好说的，直接删除。

知道这些有什么用？

首先，我们要把职业发展目标定位为自我实现层面，这样我们就可以获得最大的内在驱动力，我们的目标也就更容易达成。

另外，我们在求职的时候，例如在面试的时候，这同样有用。

无论你有无面试经验，遇到这样一些面试问题时要小心了，这类问题就是考察你的需求层次的。

例如，**你对工资有什么期望？** 如果对四千元还是四千二百元纠缠不休，得，你的需求还在生理层面，那么你肯定不会被录用。当然，招聘体力劳动者除外。

例如，**你未来五年有什么打算？** 买车、买房、争取加薪？错，这暴露了你的需求层次太低。这个问题的答案要体现出你和公司一起成长的职业生涯规划。你一定要是在公司的平台上实现个人的职业理想和抱负，而不是你自己去创业。

例如，**如果公司不能解决北京户口，你会来吗？** 你心里想：北京户口那么重要，没有它恐怕不行吧？但是你要真说出来，面试官就会觉得你是冲着户口而来，而不是为着事业而来，那么就算原本打算给你户口指标，也不会给你了，因为你的需求层次太低！

这类问题变化多端，需要大家在面试的实践中自己去体悟。

8. 司马懿如此可爱，只因为他经常说这句话

司马懿在《三国演义》里的出场顺序比较靠后。他作为主要演员，在第九十四回《诸葛亮乘雪破羌兵　司马懿克日擒孟达》中才露脸。此时，轰轰烈烈、波澜壮阔的三国故事已经进行了三分之二。我们熟悉的曹操、刘备、关羽、张飞等英雄都已经领了盒饭，谢幕退场了。但《三国演义》的后半部仍然精彩，其精彩之处就在于司马懿与诸葛亮的巅峰对决。

在小说里，诸葛亮和司马懿一共有过五次正面交锋，中间有过多次局部冲突，互有胜负。这成为后世人们茶余饭后的重要谈资，其中的焦点在于俩人到底谁的本事更大。

关于俩人的本事，各自的粉丝们虽然争论得很厉害，但在《三国演义》中，结论是显而易见的：诸葛亮更厉害。最典型的例子就是诸葛亮曾经设计将司马懿困在上方谷。要不是老天相助，及时下了雨，司马懿就会被烧死在谷中，更遑论“死诸葛能走生仲达”了。

即便是在当事人眼里，这个结论也没什么争议性。因为下这个结论的人就是司马懿自己。司马懿坦白承认自己不如孔明，而且多次在公开场合发表这一言论，前后竟然有五次之多。

诸葛亮一出祁山，司马懿便算定了诸葛亮的战略意图和进攻路径，于是带兵来取战略要道街亭，当听说诸葛亮已经在街亭安排人把守时，叹曰：“诸葛亮真乃神人，吾不如也！”

马谡失街亭，诸葛不得已冒险在西城设下空城计。司马懿上当受骗，撤兵之后从当地土人那里得知真相，悔之不及，仰天长叹：“吾不如孔明也！”

诸葛亮三出祁山，司马懿算定诸葛亮必然会袭取武都、阴平两城，便一面派人正面交战，一面派郭淮、孙礼偷袭蜀兵之后。但是诸葛亮早就料到司马懿必有此举，便“螳螂捕蝉，黄雀在后”，亲自率兵从后面包抄，于是郭淮、孙礼大败而回。司马懿安慰部下：“输非汝等之罪，孔明智在吾先。”

诸葛亮大胜司马懿之后，因听说集团骨干员工张飞之子张苞因伤去世，伤心不已而生疾病，心神恍惚，于是命部队秘密撤退。走了五天之后，司马懿才得知，乃长叹曰：“孔明真有神出鬼没之计，吾不能及也！”

建兴八年，曹真、司马懿主动伐蜀，但因老天连降大雨，无功而返。诸葛亮带兵追击，在渭水之滨用八卦阵大败司马懿。后司马懿用反间计迫使诸葛亮回军。为防止司马懿在撤退途中趁势掩杀，诸葛亮采取一边分路退军一边填灶之法，让司马懿以为蜀军不断添兵，因此不敢追赶，从而使其安全撤离。司马懿听说之后仰天长叹："孔明效虞诩之法，瞒过吾也，其谋略吾不如之！"

我年轻的时候，因为喜欢诸葛亮，所以就比较讨厌他的对手司马懿。及至年长，因为工作原因，从职业生涯发展的角度来看司马懿，我发现他有很多可取之处。尤其是每当读到司马懿发出"孔明真乃神人，吾不如也！"的感叹的时候，我越发喜欢司马懿，甚至觉得这个人既可爱又可敬。

司马懿的这句话，说明他能够正确认识自己。

老子说："知人者智，自知者明。"有自知之明，就是能正确认识自己。

常言道，人贵有自知之明。那么什么是贵人？**有自知之明的人就是贵人。**

司马懿就是贵人，因为他既了解对手，也了解自己，做到了知己知彼。

也正因为他了解自己，明白自己的斤两，所以他不和孔明硬碰硬，不做不靠谱的事情。司马懿知道蜀军的短处就是缺粮，而且运输不便，只可以急攻，不可以久持。所以他扬长避短，坚守不出，用消耗战取得了最后的胜利。

诸葛亮最后一次北伐时，为了激怒司马懿，派人给司马懿送去女装，而司马懿大大方方地接受了，就是不出战，最终成功地耗死了诸葛亮。

司马懿的策略很简单，也最有效，那就是：我打不过你，没关系，但我知道你的缺点，我熬死你。

所以一个人了解自己，知道自己的限制，不去做超越自己限制的事情，这很重要。有些人不清楚自己的限制，不了解自己的长处和短处，认为只要努力了就会成功，这其实是喝了“毒鸡汤”的结果。

司马懿的这句话，表现了他豁达的职场态度。

其实，司马懿是有资本看不起诸葛亮的。司马家是当时的名门望族，世代为官。司马懿的父亲司马防为京兆尹，相当于首都市委书记兼市长。司马懿在少年时期就胸怀大略、才华横溢。南阳太守杨俊是当时著名的人力资源专家，见到司马懿后给他的评语是“绝非寻常之子”。尚书崔琰与司马懿的哥哥司马朗是好朋友，曾毫不留情地对司马朗说：“你弟弟聪明果断，英姿不凡，本事比你大多了。”这句话说明：司马懿有背景，也有本事。

诸葛亮虽然也是官二代，但他的父亲诸葛珪的职务是泰山郡丞。参照今天的行政序列，这至多是地级市的副市长职务，与司马懿正部级领导的父亲不能相提并论。而且，诸葛亮八岁时，父亲就病死了，他跟着叔父避难到荆州，过着半耕半读的生活，用他自己的话说就是“臣本布衣，躬耕于南阳，苟全性命于乱世，不求闻达于诸侯”。所以诸葛亮的很多对手贬低他时就称他为“诸葛村夫”。

但是，面对失败，司马懿从不贬低对手，而是勇敢地承认自己不如对手，这是一种豁达大气的职场态度。

司马懿也不为自己的失败找借口，甚至在下属打了败仗时，还要安慰下属“孔明智在吾先”，说自己不如对手，并且主动承担责任。

这就是另一种境界了，比现在那些认为成绩都是自己的，责任都是下属的的领导，要强上一百倍。

心理学讲，态度是个体对特定对象（人、观念、情感或者事件等）所持有的稳定的心理倾向。这种心理倾向蕴含着个体的主观评价，以及由此产生的行为倾向性。

态度也是能力的一种。在职场上，态度对职业发展的作用通常比知识和技能还要重要。

总之，司马懿能够笑到最后，而且笑得最好，和他能够正确认识自己，拥有豁达的职场态度有着密不可分的关系。

9. 李白怀才不遇，一生坎坷，主要原因在于不能正确认识自己

在唐朝，没有什么事情是一首唐诗搞不定的，如果有，那就再来一首。

在中国，没有哪个诗人的知名度比李白还高，如果有，那请出门左转，略过本文。

小学时，听收音机播放广播剧《李白》的时候，对这个剑侠一样的大诗人崇拜得五体投地，对诋毁、排挤他的高力士等人恨得牙根痒痒。中学时读了《蜀道难》《行路难》《将进酒》等诗，就更同情李白坎坷的遭遇。“大道如青天，我独不得出”，不明白为什么有才能的人总是怀才不遇。及至年长，慢慢明白，李白的失意与不幸不能笼统地归罪于“万恶的旧社会”，而其中的主要原因在于他不能正确认识自己，在于他职业目标定位的偏失。

李白少有大志，职业理想是“济苍生、安社稷”，奋斗目标非常明确，就是要做管仲、晏婴、张良、诸葛亮一样的人物，辅佐帝王，治国安邦，建立不朽功业，然后功成身退。但是，这实在不是一个适合他的职业目标。

从价值观上来讲，李白的定位没有任何问题。但是从兴趣、性格和能力三个方面来讲，这不是一个明智的选择。

按照霍兰德的理论划分，李白的职业兴趣属于典型的艺术型（详细内容见前文：刘备的霍兰德代码），特点是感情丰富、敏感，富于想象力，渴望表现自己的个性、实现自身的价值。艺术型的人做事理想化，追求完美，不重实际，不太善于治国理政和从事具体的事务性工作，但比较适合做诗人、画家、演员、音乐人，等等。

当然，具有艺术性特点的人中，也有很多从政的代表，例如曹操，既是诗人，又是杰出的政治家和军事家。原因在于曹操的其他兴趣特点也比较突出（企业型和研究型），且比较均衡。但是在李白身上，我们并没有发现适合从事管理的明显素质。

青少年时期的李白并没有在学习从政本领上下功夫。据史料记载，李白十岁读完了《诗》、《书》，以后便不肯在儒学经典上好好下功夫了，只爱杂学旁搜，《楚辞》、《庄子》百读不厌（安旗《李白传》）。直到开元六年春，十八岁的李白拜梓州处士赵蕤为师，才学习了两年的纵横术。赵蕤屡试不第，对科举制度恨之入骨，也不建议李白备考国家公务员，而是建议他直接走推荐保送之路。

当然，也有学者经过考证，说李白是商人后代，在唐朝无法参加公务员考试。但不管怎样，没有经过科班训练一直是他的短板。

没有经过系统学习，也没关系，还可以自学成才。但要命的是，李白还缺乏起码的自我管理能力。

众所周知，李白爱喝酒，而酒也成全了李白。如果把李白所有提到酒的诗歌集中在一起，恐怕能榨出四坛竹叶青来。但酒也毁了李白。李白的特点是：喝酒前我是大唐的，喝酒后大唐是我的。于是就有了“天子呼来不上船，自称臣是酒中仙”的典故，有了酒后让高力士脱靴的荒诞行为。哪个领导会喜欢这样无组织、无纪律、目无领导的下属呢？

李白在安州娶了退休宰相的孙女为妻，本来靠这层关系还是有机会得到本州长官的推荐的，但每次都是因为缺乏自律而失去了宝贵的机会。一次是李白与朋友聚会，喝酒狂欢了一夜，第二天清晨迷迷糊糊地骑马回家，冲撞了安州长史李京之的车驾。李京之一直看李白不顺眼，就借机把李白写的认罪书同自己的评语一起交给了安州都督马公。马都督本来有举荐李白之意，之后便不了了之了。

李京之离任后，欣赏李白的裴宽继任，可是李白又深夜晚归，硬闯城门，做出了“犯夜”之事，此事经小人演绎，传到裴长史那里，就变成了李白在外聚赌宿娼，于是举荐之事又无下文。

李白的性格狂放不羁，恃才傲物，这也许是导致他仕途不顺最重要的原因。

李白 20 岁拜谒名满天下的豫州刺史李邕，将自己沿途写的一些学习民间歌谣的新作放于行卷的卷首。李邕打开行卷，看到的不是治国方略，而是“巴水急如箭，巴船去若飞。十月三千里，郎行几岁归？”这样的诗句，心情可想而知。本来李白在第二次拜访的时候，还是有机会推荐自己的，但是他写了一首诗讽刺李邕：

大鹏一日同风起，扶摇直上九万里。
假令风歇时下来，犹能簸却沧溟水。
世人见我恒殊调，闻余大言皆冷笑。
宣父犹能畏后生，丈夫未可轻年少。

在这首诗里，李白表现出了“初生牛犊不怕虎”的自信，以及狂放不羁、傲岸自负的个性特征。同样的故事再次上演，在《上安州裴长史书》的结尾，李白又暴露了他的这种性格特征：愿君侯惠以大遇……若赫然作威，加以大怒，不许门下，遂之长途，白既膝行于前，再拜而去，西入秦海，一观国风，永辞君侯，黄鹄举矣。何王公大人之门，不可以弹长剑乎？

而这也是很多官场之人不喜欢他的原因。一位卓越的政治家必然是冷静客观、沉稳内敛、虚怀若谷、屈伸有度的。这几条，李白恐怕一条都不具备。

李白终其一生都在寻找伯乐和流浪中度过。“行路难！行路难！”，关键不在于“多歧路”，而在于一开始就选错了道路。他的个性与政治家的素质差距如此遥远，所以他的理想一开始就注定了要破灭。但也许正因为如此，大唐没有产生一位叫李白的宰相，而我们却得到了一位伟大的浪漫主义诗人。

李白的案例提醒我们：在确定职业理想和奋斗目标时，一定要充分认识自己，综合考虑个人的兴趣、性格、能力和价值观等因素，做出适合自己的选择。

10. 陆小凤、叶孤城、西门吹雪与能力三核

“他的掌中虽无剑，可是他的剑仍在，到处都在，他的人已与剑融为一体，他的人就是剑，只要他的人在，天地万物，都是他的剑。”

说的是剑神西门吹雪。他的这种境界几乎已达到剑术的颠峰，已没有人能超越！

西门吹雪生性冷僻，嗜剑如命，取人性命于电光石火之间，把杀人当作艺术，出道以来从未败过。

没人见过西门吹雪的剑法，因为曾经有幸目睹的人都已入土（古龙《陆小凤传奇》）。

月圆之夜，紫禁之巅。

一剑西来，天外飞仙。

说的是白云城主叶孤城，号称“剑仙”的叶孤城。

叶孤城的剑到底有多快？

“没有人能形容这一剑的灿烂和辉煌，也没有人能形容这一剑的速度。那已不仅是一柄剑，而是雷神的震怒，闪电的一击。剑光一

闪，消失。”

人们都认为，若论剑法之犀利灵妙，叶孤城是西门吹雪唯一的对手。

高处不胜寒。西门吹雪和叶孤城都是骄傲孤绝的人。如果说他们俩勉强算有个朋友，也是一个共同的朋友。

他是陆小凤，四条眉毛的陆小凤。

陆小凤的武功很杂，以致没人说得清陆小凤的武功来路。人们只看过他使用“灵犀一指”。

陆小凤的两根手指可以随心所欲地夹住敌人用来攻击他的任何兵器。陆小凤曾在极端的情况下，用手指接住过西门吹雪和叶孤城的剑。当然，西门吹雪和叶孤城都有本事把剑从他的手指中抽出。因此，很多人都想知道，如果陆小凤单挑西门吹雪或者叶孤城，会有什么样的结果。

什么是能力?

其实，什么结果都不重要。

感谢你花时间读到这里！林老师还没转行写武侠小说。我们来个转体 180 度再后空翻，回到就业工作教师的老本行。

讨论一下：如果你可以，且只能拥有西门吹雪、叶孤城和陆小凤三个人中的一个人的能力，你会选谁？

如果你不能马上给出答案，那我们先来分析一下什么是能力。

能力，在职业生涯规划的教科书中有多种解读。这里我们采用业内比较常用的定义：

能力 = 知识 + 技能 + 才干，视为“能力三核”（古典主编《生涯规划师》，2016）。

知识，就是我们所知道和理解的东西。我们在课堂上学到的绝大部分是知识。比如，化学专业的同学熟记元素周期表；数学专业的同学了解薛定谔方程；哲学专业的同学掌握黑格尔和康德的理论，等等。

技能，就是我们能操作与完成的技术，一般可通过训练得到。技能以熟不熟练作为判断标准，比如西门吹雪和叶孤城的剑术，陆小凤的灵犀指。

才干，就是我们无意识使用的技能、品质和特质，比如“冷静”“和蔼”“坚强”“慷慨”“组织”“沟通”等。在一些教科书中，其也被称为“自我管理技能”。这是一种可迁移的能力，可以从非工作领域转换到工作领域，也可以从一个工作领域转换到另一个工作领域。

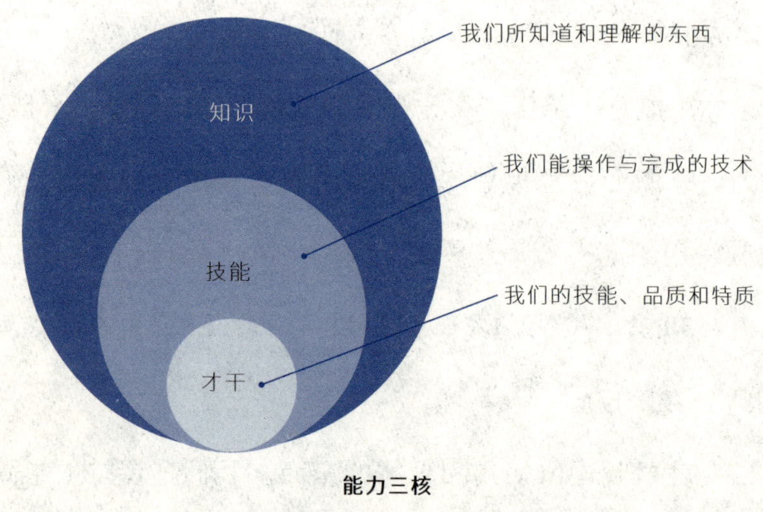

能力三核

陆小凤聪明机智、临危不乱、飞扬洒脱、热情幽默、古道热肠，这是他的才干，使他可以应对复杂的江湖危机。读过古龙的小说《陆小凤传奇》的人都知道，陆小凤破获武林惊天疑案无数，靠的主要是才干，而非武功（技能）。

说到这里，我想大家就都明白了，**我们最核心的竞争力是才干，而不是知识和技能。**

一种职业需要特定的知识和技能，但谁也不能保证一辈子只从事一种职业。在这个快速发展的时代，一些旧职业消失，一些新职业出现，这已经成为司空见惯的事情。随着工厂机器人的发展，大量装配工人将面临失业；随着网银和移动支付的发展，银行柜员将失去饭碗；随着无人驾驶技术的发展，职业司机将被迫丢掉手中的方向盘……

在不同职业之间切换，靠的不是知识和技能，而是才干。因为知识可以快速学习，技能可以刻意训练，只有才干需要长期养成。所以，**应对未来世界的变化，我们需要在学习知识、掌握技能的过程中，有意识地培养才干。**

如何看待专业？

对于大学生来说，与能力培养关系最为密切的莫过于所学的专业。

很多大学和一些教育评估机构把毕业生就业是否专业对口作为办学质量的重要指标之一。背后的假设是：如果这个专业的毕业生都不在这个专业领域就业，那么要么是专业办得不好，要么是没有社会需求。总之，这说明这个专业似乎没有存在的必要。

2017 年 11 月，我们利用拜访斯坦福大学职业发展中心的机会，向同行请教：斯坦福毕业生的就业专业对口率大概是多少？

没想到，同行一脸诧异：为什么要统计这个比率呢？在我们看来，**专业只是给学生提供了一个认识世界的窗口，**与未来从事的工作不一定要有必然的联系。

一位在旧金山工作的华人同行介绍："与斯坦福大学同城的加州大学伯克利分校以理工科见长，教职员和学生中产生了 107 位诺贝尔奖得主，但同时也产生了 45 位麦克阿瑟奖（文化界最高奖）、20

位奥斯卡金像奖、14 位普立策奖（新闻界最高奖）和 117 枚奥运金牌得主。”

看来，学什么专业并没有我们想象的那么重要。我们在大学里首要培养的是学习能力和才干，而不是专业知识。

所以，真的不必纠结于是否就读于理想的专业，如果是，当然好。如果不是或者没条件转换，也不要悲观、沮丧。要知道，**我们只是换了一个窗口认识世界而已。也许在这个窗口，我们会看到更美的风景。**

11. 学霸刘禹锡：自我管理有多重要！

唐代宗大历七年（公元 772 年），在浙江嘉兴，一位文坛巨星诞生了，他就是被后人称为“诗豪”的刘禹锡。

772 年真是不同寻常的一年，一大波文曲星扎堆下凡。白居易、崔植、崔护、李绅等大才子都是在这一年出生的。据说，苏轼出生时，故乡彭老山上的草木一夜枯萎，原因是天地之间的灵气都汇集到了一个人身上。估计在那一年，全国各地的山川没少遭殃。

看看中唐诗人们的履历，你会发现，很少有人在职场上一帆风顺、善始善终的。世界那么大，就算不想去看看，也要被皇帝贬去看，而且是一贬再贬，起落起落起起落，拿着一张终身有效的免费门票，到全国各地“因公旅游”。而我们今天要介绍的刘禹锡，就是他们中最具代表性的人物。

春风得意马蹄疾，一日看尽长安花

少年时期的刘禹锡是典型的三好学生，五讲四美、尊老爱幼，每天为了锦绣前程而努力学习。用他自己的话说，就是“闻说功名事，依前惜寸阴”。

功夫不负有心人，刘禹锡在 22 岁时进士及第。当年白居易在 29 岁时考中进士，抑制不住得意的心情，挥笔写下：慈恩塔下题名处，十七人中最少年。孟郊在 46 岁时高中，心里乐开了花，赶快发朋友圈：春风得意马蹄疾，一日看尽长安花。可见，22 岁中进士是一件多么牛的事情。

在唐朝，进士就是一种身份。要想有官做，还得再过博学宏词科和吏部取士科两关。韩愈就是在中了进士以后，六年之内又在吏部的取士科折腾了三次，才拿到国家公务员的身份。而刘禹锡，三关都是一次轻松搞定，是名副其实的学霸和考霸。

刘禹锡一登吏部取士科，立刻被授予太子校书的职务，管理东宫的图书馆，之后给历史学家淮南节度使杜佑当秘书，然后调任京兆渭南主簿，受到京兆尹（首都市长）韦夏卿的赏识。803 年，刘禹锡又升任监察御史。这一年，文坛的未来之星元稹和白居易刚刚进京参加高考，事业还没起步呢。

在御史台，刘禹锡遇到了也是刚刚调来不久的文坛盟主韩愈。没过几天，他的老朋友柳宗元也从蓝田县尉任上调入御史台，任监察御史里行。一时之间，风云际会，大唐的纪委、监察委汇聚了在文坛举足轻重的三位巨星。三人一起创作诗文，交换心得，切磋学术，煮酒喝茶，这也许是刘禹锡职场人生中最快乐的时光。

两年以后，太子继位，为唐顺宗，团队老大王叔文发起“永贞革新”，刘禹锡再次鸿运当头，直至升任屯田员外郎。三十三岁就升到了副司长级，而且是政府里的关键岗位，再加上他所在的王叔文小集团深得皇帝信任，大权在握，可直接决定大政方针，初入职场的小刘，仿佛有老天暗中相助，简直顺利得“一塌糊涂”。

就像被风吹走，插在了天涯

物极必反，月满则亏。

唐顺宗由于中风病重，椅子还没坐热就被逼退了位。他的儿子李纯继承帝位，即唐宪宗。

一朝天子一朝臣，因为“永贞革新”革了一大堆人的命，动了一大堆人的奶酪，所以作为“永贞革新”的核心成员，刘禹锡一伙人自然遭遇清算。公元805年9月，刘禹锡被贬为连州刺史，人还没到任，就又被贬为朗州司马。他的小伙伴们死的死，被贬的被贬，也都四散到了天涯。

当年的朗州（湖南省常德市）是一个人口稀少，偏远落后的下等州。当地居民主要是土人，言语不通，生活不便。好在刘禹锡生性豁达，虽处逆境，但能做好自我心理调节，有《秋词》诗为证：

自古逢秋悲寂寥，

我言秋日胜春朝。

晴空一鹤排云上，

便引诗情到碧霄。

在朗州期间，刘禹锡与文坛的四大天王元稹、白居易、韩愈、柳宗元书信往来，在朋友圈晒晒新作，时不时熬两碗“心灵鸡汤”，虽然无职无权，但日子过得倒也清闲。

刘禹锡虽然能熬“鸡汤”，可是夫人却熬不过南方的气候，在朗州不幸早逝。刘禹锡带着三个娃娃，既当爹又当娘。一转眼，时间已经过去九年。

人生有多少个九年可以蹉跎？刘禹锡豁达豪放，可以不管自己，但三个孩子的教育问题是头等大事。在朗州不用考虑学区房，但孩子会输在起跑线上，于是刘禹锡不得已向京城的故交们跑跑关系，寻求调动。

接下来，就是等待。

五行缺“贬”，命犯“桃花”

元和九年（815 年）十二月，刘禹锡在友人们的帮助下与柳宗元等人一起奉召回京。此时，距离上次被贬已经整整十年。

在等待安排工作的时间里，刘禹锡也没闲着，走亲访友，到处逛逛。一天，他来到京城著名的 5A 级旅游景点玄都观，看到观内千树桃花开，游人如织来，联想起自己的遭遇，有感而发，忍不住题诗一首：

紫陌红尘拂面来，无人不道看花回；

玄都观里桃千树，尽是刘郎去后栽。

这首《玄都观桃花》后面还有一个副标题“元和十年自朗州至京戏赠看花诸君子”。“戏赠”，表面上是开玩笑，实际上是嘲讽。玄都观有很多桃树，可那都是俺老刘走后才栽种的。你们今天争奇斗艳，风头正盛，还不是因为我老刘不在？如果我老刘在，哪有你们的位置！

傻子都看得出来刘禹锡这是在讽刺谁。宰相武元衡看到这首诗后，从中嗅到了酸辣味，不由得火冒三丈：这样的对手怎么能用？于是第一时间给宪宗皇帝打小报告。

皇帝很生气，后果很严重。

刘禹锡的这句牢骚，不仅导致他自己被贬到偏远的播州（贵州遵义），这个当时只有四五百户人的小地方，还连累了一起被召回的其他伙伴，柳宗元、韩泰、韩晔、陈谏等都被贬出京，就连不属于刘禹锡阵营的元稹也跟着倒了大霉，被发配到通州（四川达县）

任司马。

柳宗元绝对够哥们儿，听说刘禹锡被贬到这么偏远的地方，考虑到他有八十多岁的老母亲在堂，就主动向皇帝提出用自己的柳州去换，此举感动了皇帝，再加上朋友裴度求情，最后老刘被派到连州（广东连州）任刺史。

一路贬来一路唱，我是打不死的小强

时光荏苒。

刘禹锡在连州待了四年半，政绩乏善可陈，但是他对当地的文化所做的贡献，我们能想象得到。今天连州人对其的总结是重教兴学。

819 年，刘禹锡因母亲去世，得以回到洛阳丁忧。之后在好友元稹的帮助下，刘禹锡改任夔州刺史。

在夔州大约三年，随后又被调到和州任刺史。

此时的刘禹锡已年过半百，还在大唐的基层来回折腾，四海为家。但是诗豪就是诗豪，仍能发出**“如今老去语尤迟，音韵高低耳不知。气力已微心尚在，时时一曲梦中吹”**（《武昌老人说笛歌》）的铿锵之音。

到了和州以后，刘禹锡受到了当地县令的百般刁难。

县令找借口让刘禹锡搬出官舍，在城南的三间民房临江而居。

刘禹锡看到周围景色不错，江景房啊！顺手撰写对联一副，贴于门上。

上联为：面对大江观白帆。下联是：身在和州思争辩。

县令见了，心想：好小子，竟然弄巧成拙，成全你了！于是，县令以民房不安全为由，将老刘的住房从城南门搬到城北门，面积减半。

“生活中并不缺少美，而是缺少发现美的眼睛”。刘禹锡发现此房虽小，也不临江，却位于德胜河边，岸边柳树成荫，风景秀丽，河景房啊！于是，他又题一联：**杨柳青青河水平，人在历阳心在京。**

县令实在不能理解刘大人的雅量，便让他住进了一间城中的老旧单身公寓。

谁知这么一番折腾，却激发了刘禹锡的灵感，遂写成千古名篇《陋室铭》，这成了今天语文课本里的必背文章。

一晃，从最初被贬朗州到现在，刘禹锡在巴山楚水之间已漂泊二十三年。

白居易感叹刘禹锡的遭遇：亦知合被才名折，二十三年折太多。可是刘禹锡却没有自暴自弃，反倒安慰好朋友：

巴山楚水凄凉地，二十三年弃置身。

怀旧空吟闻笛赋，到乡翻似烂柯人。

沉舟侧畔千帆过，病树前头万木春。

今日听君歌一曲，暂凭杯酒长精神。

绕不开的玄都观，前度刘郎今又来

唐文宗太和二年（828 年），命运又给了刘禹锡咸鱼翻身的机会。

这一年，56 岁的刘禹锡被召回洛阳。赋闲一段时间后，他被朝廷任命为东都尚书省主客郎中。主客郎中掌管少数民族及外国宾客接待之事，是一个闲职。正当他准备消闲安度晚年之际，朝廷又下诏调他到长安任主客郎中。

此时，刘禹锡的老朋友裴度在朝中为相，准备向皇帝保举他担任知制诰这一要职，让他为皇帝起草重要文书，以发挥他的文才。这时的刘禹锡踌躇满志，前途一片光明。

又是春日，鬼使神差地，他独自一人重游玄都观。不可思议的是，有了上次惨痛的教训还不够，老刘又忍不住题诗一首：

百亩庭中半是苔，桃花净尽菜花开。

种桃道士归何处，前度刘郎今又来。

怎么样？沧海桑田，世事变幻，你们这帮小人耗不过我吧？“打不死的小强”我刘禹锡又回来啦！

此诗一出，经朋友圈转载，立刻传遍京城。

于是，悲剧再度重演，朝廷中有些执政者认为刘禹锡对以前因写讽刺诗而被贬出京之事耿耿于怀，今番第二次被召回后，又写诗讽刺权贵，这属于劣行不改，于是又被打小报告。刘禹锡做皇帝大秘的工作立马泡了汤。

太和五年（831年）十月，花甲之年的刘禹锡被外放为苏州刺史，之后转任汝州、同州刺史。直到836年，朝廷考虑到65岁的刘禹锡患了脚疾，便令其任太子宾客、分司东都的闲职。

会昌二年（842年），刘禹锡卒于洛阳，结束了他战斗的一生，享年七十一岁。

职涯发展不易，学会自我管理

综观刘禹锡的一生，进进出出、上上下下、起起伏伏、坎坎坷坷，有时代的原因，但也有其自身的原因。

刘禹锡好几次的人生重大转折都毁在自己的一张嘴上。但与其说刘禹锡管不住嘴，不如说刘禹锡控制不住自己的情绪。

发牢骚使自己一时痛快，但一定会让人讨厌，不管你是对的还是错的，因为这带有攻击性。

遇到不合己意的事情，你可以提建议，但不要公开发牢骚或者讽刺、表达不满。提建议是出于公，发牢骚或讽刺则是出于私，是情绪失控，二者有着本质的区别。

在职场中，一个人的自我管理能力，才是决定个人发展的核心能力。其中，情绪的管理尤其重要。也有人说情绪不能管理，行为可以管理。好吧，不管是情绪管理还是行为管理，一个人都要学会自我管理。

感谢刘禹锡不仅让我们体会到了诗文的大美，也让我们得到职涯发展的重要启示，谢谢老刘！

12. 三顾茅庐，背后的真实原因没你想得那么简单

如果你要问我《三国演义》里哪一回写得最精彩，我会毫不犹豫地告诉你是第三十七回《司马徽再荐名士　刘玄德三顾草庐》。里面的故事我们都熟悉，就是逆向招聘的典型案例“三顾茅庐”。这一回不仅故事本身峰回路转、妙趣横生，而且文笔和其他金戈铁马的章节明显不同，清丽脱俗、文采斐然，走的是小清新路线。

公元206年冬，由于徐庶和水镜先生司马徽的推荐，急缺人才的刘备主动上门招聘诸葛孔明。那时候没有电话、没有手机、没有微信，登门拜访得看运气。

刘备同关羽、张飞来到隆中，首先见到的是几个荷锄耕于田间的农夫。这几个农夫一边干活一边唱：“苍天如圆盖，陆地似棋局；世人黑白分，往来争荣辱：荣者自安安，辱者定碌碌。南阳有隐居，高眠卧不足！”

这摆明就是直播给刘备看的。刘备问农夫：“此歌何人所作？”农夫回答：“乃卧龙先生所作也。”刘备一听，邻居都如此有情调，那孔明先生肯定是高雅人士。于是问好路，赶紧去寻孔明，但扑了个空，孔明恰好外出了。

刘备无奈只能返回，走了几里地，忽见一人，“容貌轩昂，丰

姿俊爽，头戴逍遥巾，身穿皂布袍”，杖藜从山僻小路而来。瞧这气度，瞧这装备，刘备判断，这人一定是诸葛先生，于是赶快下马施礼，一问，却发现这人不是孔明，而是孔明的好友博陵崔州平。二人在林间的大石头上坐下交流。崔以大汉四百年的发展历史为案例，给刘备分析了治乱的规律，最后得出“顺天者逸，逆天者劳；数之所在，理不得而夺之；命之所在，人不得而强之”的结论。刘备一听，这确实是高论，便有意邀请他共事。但崔说他闲散惯了，不想出来工作。说完，不顾刘备等人反应，扬长而去，于是刘备只得悻悻然而回。

一次没见着，刘备多了个心眼。第二次去拜访前，他先派手下人打听好诸葛先生是否在家。

一行人走近诸葛亮的茅庐，忽然听到路旁酒店中有人大声作歌。此情此景似曾相识，刘备赶紧勒马倾听。其歌曰：“壮士功名尚未成，呜呼久不遇阳春！……高谈王霸惊人耳，辍洗延坐钦英风；东下齐城七十二，天下无人能继踪。二人功绩尚如此，至今谁肯论英雄？”歌词大气雄壮，刘备无限钦佩，正想进去打招呼，忽然又有一人击桌而歌。其歌曰：“……吾侪长啸空拍手，闷来村店饮村酒；独善其身尽日安，何须千古名不朽！”二人歌罢，抚掌大笑。刘备一听，高人呀！其中定有一个是孔明。于是刘备下马入店，作揖询问："两位谁是卧龙先生？"可是这二人都不是孔明。二人中一个是颍川石广元，一个是汝南孟公威，都是孔明的朋友。于是刘备邀请二人一同前往卧龙庄上一谈。可是这二人竟然对此一点也不感兴趣，客客气气地拒绝了。

道不同不相为谋，刘备也不好勉强，便上马来到卧龙冈孔明庄前，敲门问童子："先生今日在家吗？"童子说："现在堂上读书。"刘备大喜，跟着童子往里走。在中门处看到一副对联，就是大家熟悉的"淡泊以明志，宁静而致远"，这很能代表主人的品味与修养。正当刘备欣赏对联之时，忽然听到吟咏之声，只见草堂之上，一少年拥炉抱膝，歌曰："凤翱翔于千仞兮，非梧不栖；士伏处于一方兮，非主不依。乐躬耕于陇亩兮，吾爱吾庐；聊寄傲于琴书兮，以待天时。"

我的天！这志向远大的年轻人，不就是在等我吗？今天终于"逮"着了！刘备赶紧上草堂表达仰慕渴思之情。没想到那少年也不是孔明——而是他的弟弟诸葛均，此诸葛非彼诸葛。

刘备的心情一落千丈，正欲打道回府，忽然见童子对着篱笆外招手大喊："老先生来也。"只见小桥之西，一人头戴暖帽，身穿狐裘，骑着一驴，后随一青衣小童，携一葫芦酒，踏雪而来；转过小桥，口中吟诗一首："一夜北风寒，万里彤云厚。长空雪乱飘，改尽江山旧。仰面观火虚，疑是玉龙斗。纷纷鳞甲飞，顷刻遍宇宙。骑驴过小桥，独叹梅花瘦！”

听到这首诗，刘备再也不怀疑：“此真卧龙矣！”便滚鞍下马，向前施礼：“先生，等你等到我心痛啊！”那人慌忙下驴答礼，但他也不是孔明，而是其岳父黄承彦。刘备盛赞黄承彦刚才所吟诗歌高妙无穷，但黄承彦告诉刘备，那诗句并不是自己原创，而是来自诸葛亮的《梁父吟》。

刘备只得再次上马而归。“正值风雪又大，回望卧龙冈，悒怏不已”。

读到此处，我在想，别说让刘备三顾茅庐，就是六次、十二次他也心甘情愿、乐此不疲。因为他已经掉进诸葛亮精心设计的“圈套”里了。这个“圈套”指的不是骗局，而是刘备被诸葛亮朋友“圈”的魅力牢牢“套”住了。

第一次拜访时，只是通过最外围的朋友圈，即几个农民，刘备就已经领略到了诸葛亮的格调。接着是好友崔州平、石广元、孟公威按顺序出场，从不同角度展示才学，但又表达不愿合作的态度，这些都吊足了刘备的胃口。然后是孔明的弟弟诸葛均、岳父黄承彦，再次展示了孔明的才学、志向和品味。这些亲戚朋友的助演和陪衬，激起了刘备强烈的好奇心和倾慕之情。

因为**想要了解一个人，最直接有效的办法就是观察他的朋友。**这就是面试的时候，有的考官会让你简单地介绍你一两位朋友的特点的真正原因。他在通过你的朋友来判断你。

“物以类聚，人以群分”。从你朋友身上，别人能窥到你的三观，看到你的性格、兴趣、品味和追求。从这个意义上讲，**朋友其实就是另一个“你”，或者是某一方面的“你”。**当然他得是你真正的朋友，而不是泛泛之交或酒肉朋友。

人不能没有朋友。你的成功除了要付出自身的努力，最重要的其实是依靠人脉。一个人能走多远，不在于你行李箱里装的是什么，而取决于你和谁同行。和什么样的人在一起，决定了你拥有什么样的人生，所以要多和优秀的人交朋友，最好是多和比你优秀的人交朋友，这样大家可以取长补短、共同提高。不要为了目的而不择手段，去和那些道德不达标、品格低下、浑身负能量的人交朋友，因为他们会拉低你的水平和层次，别人也会把你归为“那一类”人，从而得不偿失。

13. 苏轼的职场人生，成也朋友圈，败也朋友圈

莫听穿林打叶声，何妨吟啸且徐行。竹杖芒鞋轻胜马，谁怕？一蓑烟雨任平生。

料峭春风吹酒醒，微冷，山头斜照却相迎。回首向来萧瑟处，归去，也无风雨也无晴。

——苏轼《定风波·莫听穿林打叶声》

“也无风雨也无晴”只是苏轼的一厢情愿。

实际上，从1061年踏入职场，到1101年逝世，在苏轼四十年的职业生涯中，鲜有天朗气清、艳阳高照之时，而经常是风雨交加、云迷雾锁。最险恶之时，苏轼受人诬陷，身陷囹圄，差点就断送了自己的性命。苏轼命运如此多舛，自然有很多原因，这些原因在史学家和文学家们的著述里都可以找到，故此处不再赘述。而我在读了各种版本的苏轼传记以后，得出一个最直观的感受，那就是：苏轼的职场人生，成也朋友圈，败也朋友圈。

无论是在职场上，还是在生活中，苏东坡可以说是典型的“没心没肺”，对人毫不设防。正如他自己所说：“吾上可陪玉皇大帝，下可以陪卑田院乞儿。眼前见天下无一不好人。”苏轼的热情直爽、

豪放率真，使他交了很多朋友，但也树了很多敌人。在他动荡不安的宦海生涯里，每一次的起承转合无不和他的朋友们息息相关。有人成全了他，有人保护了他，也有人害苦了他。当然，有时他也害苦了朋友。

亦师亦友欧阳修

如果你只是读过苏轼的几首词和一些鉴赏文章，而没有仔细看过他的传记，你也许有时候会有这样的印象：王安石执政时他属于旧党，遭受排挤，而旧党领袖司马光掌权时他又不受待见。似乎天才的周围都是敌人，在职场上从未走运。实际并不是这样。打开苏轼的朋友圈，你会发现他的人脉其实相当牛。当时的政坛大佬韩琦、富弼、范镇、欧阳修、张方平等都是他的支持者，甚至先后三任皇太后都是他的保护神。即便是在他踏入职场之初，也有一大群负有盛名的公卿为他点赞、加油，其中翰林学士、枢密副使、参知政事（副宰相）、文坛泰斗欧阳修是他最大的伯乐。

欧阳修是苏轼青少年时期的人生偶像。嘉祐二年，苏轼高中进士，当时的主考官就是欧阳修。所以，苏轼也可以算是欧阳修的学生。说起这次考试，还有一个小小的误会。当时“高考作文”的题目是《刑赏忠厚之至论》。苏轼的作文得到了欧阳修的赞赏，但当时的试卷保密工作做得好，故欧阳修看到的是被隐去姓名的重抄一遍的试卷。他认为这样高水平的文章非自己的弟子曾巩莫属，为了避嫌，给了一个第二名。苏轼考中之后，拜见了欧阳修。两人一见如故，顿成忘年之交。

欧阳修曾在给另一个大学者梅尧臣的信中盛赞苏轼的文才，说：“读轼书，不觉汗出，快哉快哉！老夫当避路，放他出一头地也。”这就是成语“出人头地”的由来。同时，他还发公众号宣扬：“更三十年，无人道着我也。”意思是：三十年后，没人记得我欧阳修。大宋文坛将是苏轼的天下。

有了大牛导师欧阳修的赏识和鼓吹，初入职场的苏轼，一时骅骝长嘶、奋蹄蹴地，有随风飞弛，征服四野八荒之势。

后来，苏轼的二儿子苏迨娶了欧阳修的孙女。两人既是师生、又是朋友，还成了亲戚。

肝胆相照陈季常

苏轼在地方为官期间，亲眼目睹王安石新法的弊端和老百姓的疾苦。以他“不吐不快”的性格，总是忍不住批评时政。私下里发发牢骚也就罢了，苏轼还公开发表诗歌，表达自己的观点。作为文坛“大V”，苏轼的影响力自然不容忽视，于是他遭到了当权派的嫉恨。时任监察史里行的舒亶等罗织罪名，将苏轼逮捕入狱，这就是历史上著名的“乌台诗案”。

“乌台诗案”之后，苏轼被贬到湖北长江边上穷苦的小镇黄州，生活拮据，举目无亲，仕途渺茫，陷入人生低谷。在这期间，好友陈慥给了他巨大的精神安慰。

陈慥，字季常，就是苏轼笔下“龙丘居士亦可怜，谈空说有夜不眠。忽闻河东狮子吼，拄杖落地心茫然”的怕老婆的典型陈季常。陈慥的老爸陈希亮曾经是苏轼陕西凤翔任上的上司，但是和苏轼的关系很差，经常给苏轼“穿小鞋”。可是，谁也想不到，苏轼和陈希亮剑拔弩张，却和他的儿子惺惺相惜、情投意合。

青年时期的陈慥很有游侠之风，挥金如土、嗜酒弄剑。“左擎苍，右牵黄”“饮琼浆，宴明堂”。及至中年，性情淡泊，放弃洛阳的豪宅大院和河北的千亩良田，带着家人跑到黄州附近的歧亭隐居。听说苏轼贬谪途中要经过歧亭，陈慥专门在离家二十里的路上等候。“久旱逢甘露，他乡遇故知”。此后在黄州四年里，苏轼到歧亭拜访过陈慥三次，而陈慥去找过他七次。两人把酒赋诗、谈古论今、游山玩水，每次都会在对方家里住上十天半月，四年下来共处的时间有一百多天。是友谊温暖了苏轼在黄州的苦寒岁月，帮助苏轼超越痛苦和失意，实现了思想的转变与成熟。

苏轼在《陈季常见过三首》其二中，这样写道：

送君四十里，只使一帆风。

江边千树柳，落我酒杯中。

此行非远别，此乐固无穷。

但愿长如此，来往一生同。

四年后，苏轼被赦离开黄州，送行者众，至湖北黄石登船后，大家各回各家，只有陈季常和道士乔仝、和尚参廖不舍得走，从湖北一直送到了江西九江。今人因为通讯发达，随时可以视频连线，恐怕难以理解古人这种依依惜别之情。

离开黄州的苏轼在官场上开始一路开挂，没多久就由一个挂名的民兵团副团长一路升任翰林学士，离宰相仅一步之遥。陈慥很为老朋友开心，专门从湖北到京城看望苏轼，但他不求老朋友照顾，也不要一官半职，仍然过着清苦的隐居生活。

后来苏轼被贬惠州和儋州之时，朝廷下令禁绝苏轼的文字，哪怕是家中旧藏的也要毁掉。在这样的环境下，陈慥却冒险主持刊刻了苏轼的《苏尚书诗集》。他给苏轼写信，准备从汉口跋涉千里来看望远在惠州的苏轼。东坡心疼老朋友，赶紧写信劝阻。在那个年代，交通不便，再加上岭南多瘴气，这一来很可能就再也回不去了。

自始至终，陈季常让我们看到了朋友之间最珍贵的一种态度。可以同甘苦，可以共患难，但不会相互利用。

无怨无悔王定国

王巩，字定国，号清虚居士，宰相王旦之孙。由于王巩所处的时代众星云集，所以后人对他并不太熟悉。实际上，王巩也是著名的诗人、书法家、画家，“文采风流为一时所宗”。王巩尤其工小草。苏轼曾评价其可以与米芾行书并立。他官不大，但为人正直，为时人所敬重。

苏轼是如何与王巩相识的，这一点无从查证，但有一个故事能充分说明两个人对彼此的欣赏。宋神宗元丰元年八月，为了纪念抗洪抢险护城成功，苏轼在徐州城北门之上建造了黄楼，邀请王巩赴庆功宴。重阳节，王巩如约而至，苏轼与他游泗水、登魋山，吹笛、饮酒、赋诗，款留十日，不愿放他归去。有一天，苏轼与王巩携手站在黄楼上，感叹道：“李太白死，世无此乐三百年矣！”

苏轼的“乌台诗案”牵扯了很多朋友，就连德高望重的张方平、司马光等大官也都被罚铜二十到三十斤不等，但其中最倒霉的还是王巩。“罪魁祸首”苏轼本人被贬为黄州团练副使，而仅仅是与苏轼往来的王巩却被贬到偏远的广西宾州。在被贬宾州的三年之内，王巩的一个儿子死在贬所，另一个儿子死在家中，自己也大病一场，差点一命呜呼。苏轼对此愧疚不已，以为王巩一定会怨恨自己，不敢写信表示问候。反倒是远在岭南的王巩主动写信安慰苏轼，却对自己受牵累之事只字不提。

患难见真情。自此，苏轼放下思想包袱，与王巩的交往从未断绝。除了交流诗词、书法、绘画的心得，就连生活中的不如意，苏轼也会在写给王巩的信中吐槽，最后叮嘱一句："勿说与人，但欲老弟知其略尔。"在二人往来的书信中，劝王巩远离女色的话苏轼至少说了三次。显而易见，这就不是一般的知音了，这是只有铁哥们儿之间才有的举动。

人生得遇王巩，是苏轼的幸运。

人生得遇像王巩这样的朋友，夫复何求？

相爱相杀章子厚

在苏轼的朋友当中，绝对无法漏掉一个人，那就是章惇。章惇，字子厚，是个官二代，与苏轼同年考中进士。可是他发现侄子考得比自己的名次高，心里不服气，便回家补习，两年后又考中，这才欣然去当公务员。因青年苏轼的第一份正式工作在陕西凤翔，故他便与在临近县做太守的章惇相识。章惇有才华，而且性格豪放、敢作敢为，正对苏轼胃口，顺理成章地成了苏轼的莫逆之交。

在苏轼没有进入权力核心的前半生，两人一直是互相勉励的好朋友，虽然两人在政治上分属不同的阵营。

“乌台诗案”发生时，京师中苏轼的很多朋友因害怕被牵连都不敢站出来替他说话，其中多人干脆和苏家断绝了往来。就在苏轼性命攸关之时，属于新党阵营里的章惇站了出来，并且和自己的伙伴闹翻了。

宰相王珪在神宗面前揭发苏轼有不臣之心，证据是苏轼诗中有这样两句：“根到九泉无曲处，此心唯有蛰龙知。”王珪说：“龙本在天上飞，而苏轼却还要去九泉下找，这不是咒皇上、要造反吗？”章惇与王珪据理力争，说：“龙者，非独人君，人臣也可以称龙。”章惇的观点得到了神宗的认可。退朝之后，章惇追到王珪跟前质问道：“你是想使苏轼整个家族倾覆吗？”

王珪极力推卸自己的责任：“这是舒亶说的。”

章惇反唇相讥：“舒亶的唾沫你也吃？”

章惇的仗义执言让苏轼感动不已。如果苏轼自此一直在地方做小官，没准儿俩人的友谊会被传为千古佳话。

没想到，随着苏轼逐渐受到重用，以致居庙堂之高，章惇则由苏轼肝胆相照的朋友变成了苏轼后半生逃不掉的噩梦。

哲宗绍圣元年（1094 年）四月，章惇拜相，因为政见不同，又曾遭受排挤打击，章惇开始对元佑大臣展开清算。第一个就拿老朋友苏轼开刀。章惇先是把苏轼贬到广东大庾岭以南的英州。苏轼从定州到英州的一千五百里路还没走完，就又被改派到广州附近的惠州。

苏轼来到惠州后不久，章惇借朝廷之意派程之才任广南路提刑巡查惠州。程是苏轼的姐夫兼表兄。苏轼的姐姐早逝，父亲苏洵认为程家负有不可推卸的责任，于是与程家断绝往来，并写文公开痛骂羞辱。因为章惇与苏轼曾是好朋友，所以章惇了解苏程两家反目成仇的家事，不然，此“借刀杀人”之计，一般人是绝对想不到的。只是没想到，也许亲戚毕竟是亲戚，也许程之才正想修复两家的关系，两表兄弟竟然重归于好。苏轼不仅没有被迫害致死，反而得到照顾，并利用表兄的影响力为老百姓做了不少好事。

东坡在惠州的日子虽然清苦，但因为他生性豁达，倒也逍遥自在。一日，苏轼兴起，做诗曰：“为报诗人春睡足，道人轻打五更钟。”此诗经朋友圈传到京师。章惇见老朋友在逆境中仍能快活，恼羞成怒，就再贬他到偏远的海南儋州。当时的儋州是蛮荒之地。六十二岁的苏轼需要乘船漂洋过海，就算不葬身鱼腹，恐怕也是九死一生。

为朋友两肋插刀，为功名插朋友两刀。章惇都做到了。

三年后，章惇失势；苏轼遇赦北还，卒于常州路上。

在职场上，给你伤害最深的，永远是你最亲近的朋友，而不是敌人。敌人只能伤害你的利益；而朋友却能伤到你的心灵。所以，交友需谨慎。

人生本无定数，回首已是天涯，恩怨情仇终将随风而去。不管怎样，**职场之上有一圈朋友，总胜过微信有一朋友圈。**

14. 职场选择："跳槽"还是"卧槽"？

我不知道下这个结论是否准确，也许有些夸张，我认为跳槽已经成为中国职场人士的"新常态"，尤其是对大学毕业生而言，跳槽更是成了一种时髦。

如果在百度上输入"跳槽的理由"，马上会弹出一千三百多万条信息，指导你该如何与"老东家"好聚好散。每当同学聚会，出现频率比较高的问题往往是：你还在原来的单位吗？如果你还在原单位，而且还没升职也没加薪，保证有混得好的同学拍拍你的肩膀说："兄弟，别给他们干了，趁年轻早点换地儿！"

这结论还可以用大数据旁证，据全球职业社交平台领英（LinkedIn）发布的《中国职场人士跳槽报告》显示，中国职场人士更爱跳槽。中国职场人士平均在职时间为 34 个月，相比美国的 56 个月，几乎短了两年。

有人解释说这是因为中国相较于美国而言提供了更多的就业机会，所以不能将其归结为中国人喜欢"见异思迁"。

但以我的从业经验来看，中国人的职业忠诚度确实比较低。在大学毕业生离校前，会出现一个很有意思的现象，那就是签订就业协议前，用人单位通过笔试、面试，一轮一轮精挑细选；毕业生则

“十五个吊桶打水——七上八下”，惴惴不安。一旦签订就业协议，用人单位就不会再面试新的求职者，但有相当一部分毕业生“骑驴找马”，继续寻找更心仪的单位。有了“垫底”的单位，求职者更是自信满满。

因为职业的关系，我每年都会看到大量毕业生的违约和改派申请，主要理由可归为三类。第一，新单位的薪酬待遇好。第二，新单位能解决北京户口，这是违约的最大动力。只要能解决北京户口，薪酬待遇也变得没那么重要了。第三，新单位看起来更牛，且工作环境好，在那里工作更“有面儿”。

也有因为照顾双亲、专业不对口、行业发展等原因违约的，但不常见。至于单位主动提出违约的，不是没有，但这属于极个别案例。由此不难看出，毕业生的违约理由都很现实。至于网上流传的“世界那么大，我想去看看”，没多少人会相信，因为“钱包那么小，谁都走不了”。至于原谷歌全球副总裁李开复的“我必须听从我心中的声音”，更是让他们莫名其妙。因为大部分违约者心中并没有声音，眼前只有利益，压根就没想过到底什么样的工作适合自己。

很多企业的HR和我诉苦：“现在一些新入职的员工，很难沉下来，对工资待遇、工作环境、人际关系等稍不满意，动不动就用脚说话，甚至连辞职申请都懒得交。”

行文至此，有些同学以为这是一篇思想政治教育论文了吧？谬也！我知道选择违约或跳槽并非如想象那般容易，实际上也需要很大的勇气。有的需要和自己的思想做激烈斗争；有的需要克服对未知世界的恐惧。作为职场的过来人，我只想提一些意见，供大家参考。

如果你只是因为新单位给的钱多一些而选择离职，这的确是一次冒险的行动。如果新的工作并不适合你，那么给你再多的钱也不能让你快乐。年纪越大越能体会到这一点。工作的不如意和压力是职场人士健康的头号杀手，对于跳槽者来说尤其如此。所以，“人职匹配”永远是选择跳槽的第一理由。

几乎没有人靠第一份工作的工资发财。通常，大家在适应某个新的行业之前赚的钱都不会很多。除了试用期和见习期，很多单位为了防止员工流动过于频繁，还有一个磨合期，有很多的收入和福利要等工作到一定年限后才能兑现。很多人离开单位一段时间后才发现，原来“老东家”的待遇也不差，此时已后悔莫及。还有的单位的初级岗位薪酬较低，但随着你的职位或职级逐步上升，薪酬会慢慢达到或超越你的期望值。

一般人的职业生涯都有三十多年。有的人赢在起跑线上；有的人胜在中间；有的人笑到最后。所以不必急于一时。

对于新入职的大学生来说，更要着眼于未来的发展。有一年暑假，我到哈尔滨的某厂参观，发现厂长特别年轻，就夸了一句："您这么年轻就当厂长了，真能干！"年轻的厂长哈哈一笑，说："不是我能干，是和我一起来的你们学校的毕业生走了。他才是真能干，但他太着急。"

在一个单位，你会发现总有很多人觉得自己"怀才不遇"。有些人总觉得自己本事大，但总是被安排做些初级的工作；有些人觉得自己做得多，成绩好，但领导总是看不到，于是果断选择离开。以我的观察，很多"怀才不遇"者只是孤芳自赏、好高骛远罢了。其实，你干了什么，单位领导、同事都看在眼里，不可能对一个真正有才的人视而不见。

查一查历史，那些所谓"怀才不遇"的人往往不是因为能力而被排挤，而是因为性格和周围的人格格不入。例如李白，唐玄宗其实非常器重他的才学，就算打发他回老家，也是"赐金还乡"，之所以不重用他，完全是因为他"天子呼来不上船"，目无领导、自视清高，而且懒散随意。"怀才不遇"这个跳槽理由貌似责任在于别人，其实就是自己智商很高而情商很低。

中国有个成语叫"知足常乐"，但实际上很多人总是不知足，因为中国人更信奉“人往高处走，水往低处流”。那些在一个单位长期埋头苦干的人，总是被嘲笑为安于现状、不思进取或者是不敢面对挑战；而那些在各大公司之间跳来跳去的“高人”，才是人们崇拜的偶像。但是，人能做出重大成绩，往往是因为专注，尤其是对科研工作者而言，频繁地更换单位，在每个地方“蜻蜓点水”，很难把自己的工作或学问做精、做细。2012 年国家最高科技奖得主、北理工校友王小谟院士在回母校与学生分享成功之道时，说这概括起来就是五个字：十年磨一剑。如果没有对事业的这份专注，中国也许还会产生“预警机之父”，但一定不会是王小谟。

当我们面对职业抉择的时候，跳槽确实需要勇气，但当我们面临升职、加薪、股票等外界诱惑，面临迟迟未获提拔、不受重用的现状时，能够拨云见日，正确认识自己，不忘初心、不急不躁，勇敢选择“卧槽”的定力则更加让人钦佩。

15. 胸腔、俯卧撑和职业选择的关系，太让人意外！

疫情期间，我基本没更新公众号，原因是静不下心来，再加上大家应该都发现了，宅在家里通过网络办公也不比在办公室轻松，甚至更忙。直到偶然读到著名中医徐文兵先生的《知己》这本书，竟然一不小心和我的老本行扯上关系，于是迫不及待地想和大家分享一下。

《知己》中有一节讲到人的胸膛，其中的结论是：胸腔和人的职业选择有一定的关系。当然，对中医不感兴趣的同学需要耐着性子把下面这段话读完。

按照中医的观点，胸腔的大小和人的健康密切相关，“胸腔大的人先天底子较好，本钱足”。胸腔小的人会显得单薄、瘦弱，给人以弱不禁风之感。影响胸腔容积的因素有两个，一是儿童发育期间的营养状况。如果“喂养得当、营养充足的话，胸腔就大”；相反，胸腔若发育不完全，其容积就小。

“影响胸腔容积的另一个重要因素就是胸腔底部胸骨柄下两条肋骨的夹角，简称胸廓。有的人胸廓很宽、很平，几近180度；有的人胸廓很窄，几乎容不下一根手指。普通人的胸廓夹角一般在30

度到 60 度之间”。

好了，上面的知识铺垫已经够了，敲黑板的时间到了。

中医认为，人身心不二，性格、情绪的物质基础都是肉身，胸廓宽的人多性情豁达开朗，善于交际，精力充沛；胸廓极窄的人心思细腻，敏感多疑，容易受伤害，但是有艺术天赋。**选择适合自己的职业，有时候就是选择适合自己身体的职业，**甚至有时是适合自己胸廓大小的职业。这结论看起来让人难以接受，直接让林老师这样的职业有下岗的风险。

这道理看起来“简单粗暴”。林老师研究中医的水平不在二百五以上，也不在二百五以下，正好在二百五之间，还没有能力将其讲得透彻明白。但这从日常生活中似乎可以得到印证。我们回想一下自己熟悉的政治家、企业家的形象，确实是胸宽的人居多。回想一下自己熟悉的诗人、艺术家的形象，没见过的就回忆一下中学语文课本里屈原、杜甫的形象，确实是胸窄的人居多。你若让青年黄磊饰演徐志摩，大家就会觉得大诗人就应该是那个样子——身材瘦长、斯斯文文；你若让郭德纲和高晓松来演，那投资人得去跳河，《人间四月天》就不用上映了。

胸廓的宽窄主要来自先天遗传，故后天难以改变。所以，中医建议，**人最好乐天知命，顺应自己的身体。**当然，在儿童和少年时期，多做俯卧撑和双杠臂屈伸等支撑动作，有利于扩张胸襟，提高胸腔的容量。看来，加强体育锻炼，不只强身健体，在职业选择上也有好处啊。

16. 中医告诉你，之所以决策难，是因为“坎中虚，离中满”

这是第二篇把中医和职业生涯发展扯上关系的短文。我发现这世上的很多道理都是相通的，不管是医学、文学、心理学、管理学，最后都会变成人生的哲学。真正的武林高手，摘花拈叶皆可为兵器；真正活得通透的人，于生活中任何细微之处，都能悟出人生的大道理。当然，我说的不是我自己。

我最近看了徐文兵与著名主持人梁冬讲的《黄帝内经·上古天真》，在听其解释黄帝“长而敦敏”中“敦敏”一词的含义时很受启发。这是个具有大智慧的词。“敦敏”指的是心、肾的状态。“敦”指的是肾精很足，“敏”指的是心很虚时感觉就非常敏锐，这种状态下容易出“慧”，所以这叫“长而敦敏”。

人要做到“敦敏”，就要“虚其心，实其腑”，也叫“离中虚，坎中满”。从中医的角度来看，离 = 火 = 心，坎 = 水 = 肾。“离中虚”不是指我们通常理解的做人要低调，而是指心中要坦坦荡荡，不要被蒙蔽，不要杂念丛生，最好了无牵挂；“坎中满”是指肾中之物要足，不足则会肾虚。

徐文兵说，现在的人是“坎中虚”，把自己的肾精全流失掉了，肾是虚的，搞得自己心火蒸腾得特别厉害，心火特别旺。

我们为什么会“坎中虚”？更多时候是因为我们的欲望太多、心太“实”，就像许巍的《在别处》里唱的“欲望像野草，它疯狂地生长”。若要满足这些欲望，就要消耗更多的精力。

但实际上，我们真正需要的不多，我们想要的多。

大学生的工作选择也一样，虽然受疫情影响，就业更难，但还是有很多人选来选去，举棋不定。为什么做决策那么难？归根结底，是因为我们想要的多。A 单位给我们抛出橄榄枝，我们要琢磨这个单位所在行业的前景如何？待遇好不好？能不能解决户口？离市中心近不近？一年中有多少天可以休假？五险一金都给上吗？ B 单位给了 offer，我们得考察企业文化如何？工作环境好不好？专业是否对口？晋升空间有多大？加班多不多？老板是否变态？

即便我们都清楚没有一个工作可以满足我们的所有需求，如果有，也可能轮不到我们。

学者们发明了“决策平衡单”，把各个选项中的参考因素，例如收入、休闲、健康等按照权重以赋予分值，最后计算出总分最高的为最优选项。可是，人的这些主观欲望真的可以被赋予分值吗？有谁是真正拿着计算器，用加减符号来做出人生中的重大决策的呢？

其实，人虽然不如黄帝那样“生而神灵”，但天生凭直觉可以

做出决策。之所以决策难，难在我们不愿意放弃那么多想要的东西，不愿意删繁就简。我们是“坎中虚，离中满”。如果我们能做到“离中虚，坎中满”，那么就会变得更有智慧，身心就会更健康，没准儿，还能活到天年，这就回到中医养生层面上去了，就此打住。

17. 为什么别人都能找到一份好工作，而你不行

小米找我帮着给她推荐工作，她是今年毕业的研究生，目前一个接收函都还没收到，再有两个多月就离校了，心里特别着急。

我说："你带着简历吗？"她说："没带，不过可以上邮箱下载电子版打印。"

简历打印出来了，非常精炼，只有一页纸。

我问小米："实习实践部分怎么只写了一次志愿者经历？"

小米说她一门心思扑在学习上了，确实没的写。

我问还有没有别的版本？

她说只做了这一种版本。

我仔细看了一下简历，没找到求职意向。

我问小米："你准备找一份什么样的工作？"

"这哪能按着我的意思呀？有人要我就行了！"小米说。

我再问小米："如果有很多家单位可以选，你准备找一份什么样的工作？"

小米说："如果我能选择，当然是找一个赚钱多的，能解决北京户口的。"

我说："这可能就是你没找到工作的主要原因。"

小米不解："我可是一点都不挑剔呀！"

"是的，你不挑剔，可是用人单位挑剔呀！"

用人单位不想找一个不知道自己能干什么的人；

用人单位不想找一个只有成绩单的"白纸学生"；

用人单位不想找一个只看重待遇而不考虑发展的人；

用人单位不想找一个没有职业生涯规划的人！

找工作轻松的真正原因

同一专业的人，进大学的时候大家的起点都差不多，毕业时成绩单也差不多，但为什么有人找工作就像吃花生米，轻松又愉快，而有人找工作就像没头的苍蝇，处处碰壁？

你说有人出身好，不是"富二代"就是"官二代"；有人运气好，天上不掉馅饼掉工作。

不可否认，会有人沾了家庭和运气的光。

但是你如果认真观察一下，就会发现容易找到工作的人，绝大部分是那些很早就确定了职业生涯规划，并朝着职业目标努力的人。

在完成学校规定的学习任务之后，他们今天做的事情就是为了实现他们的职业目标而做的积累和准备。

所以在他们找工作的时候，就是水到渠成地采摘果实的过程。

如果你不知道要到哪儿去，通常你哪儿也去不了

如果你不相信以上结论，还可以参考哈佛大学商学院 1979 年

关于人生目标的调查 。

调查的对象是智力、学历、环境等条件差不多的年轻人。

这些人当中：27% 的人没有目标；60% 的人目标模糊；10% 的人有清晰但比较短期的目标；3% 的人有清晰且长期的目标。

25 年后：

3% 的有清晰且长期目标的人，大都成了社会各界的顶尖成功人士，其中有的是白手起家的创业者，有的是行业领袖、社会精英；

10% 的有清晰但比较短期的目标的人，大都生活在社会的中上层，成为各行业不可或缺的专业人士，如律师、医生、工程师、高级主管等；

60% 的目标模糊的人，几乎都生活在社会的中下层。他们能安稳地生活与工作，但都没有什么特别的成绩；

剩下的那 27% 的没有目标的人，几乎都生活在社会的最底层。他们的生活过得都不如意，常常失业，并且抱怨他人、抱怨社会、抱怨世界。

调查者因此得出结论：目标对人生有巨大的导向性作用。

为什么别人都能找到一份好工作，而你不行

虽然有人对这个调查的真实性提出了质疑，但就目标对人的激励与导向作用都予以认可。如果你怀疑这个调查的真实性，认为这

纯粹是在瞎扯，那么我这里还有一个真实的例子。

小栗是选修我职业生涯规划课程的第一届学生，在结课汇报的时候，他说他未来要成为一名杰出的国防科研工作者，毕业时的求职目标是进入航天的某研究所。

小栗一直和我保持着联系。后来我知道他为了实现自己的求职目标，做了很多准备。首先是本科毕业后继续在国防特色鲜明的北京理工大学读研。在北京理工大学读研时，他选择的是与某研究所的所有科研项目合作的导师，之后通过导师的介绍，到这家研究所实习。在了解了研究所的一些科研方向后，他与导师沟通，毕业论文也选择了其中的一个研究方向。

开题没多久，他就收到了这家研究所的录用通知。

为了这一天，小栗准备了四年。可是所有的努力都没有白费。我有理由相信，这样一个目标明确又肯努力的孩子，将来一定会取得非凡的成绩。

而有的同学，该学习的时候不努力，也没有一个大体的职业生涯规划，上课睡觉、下课胡闹、上网通宵、生活恶搞，每天关心的是某某捧红了某某，某某给某某戴了绿帽子，某某和某某的一段感情黄了，毕业时只有一纸文凭和轻飘飘的不到一页的简历，还梦想找到“高大上”的工作，毫不客气地说，这简直就是痴人说梦！

18. 从校园人到职场人的转变，就这“三斧子”

亲爱的同学，再过几个月，又是仓皇离校日了。你还没来得及把漂亮的女生和白发的先生埋进记忆深处，就要整理行囊，踏上社会的征程。不管你是爱情诗人还是流浪歌手，不管你是学渣还是学霸，都要面临同样的问题：如何实现从校园人到职场人的转变？

小毛毛虫如何变成美丽的蝴蝶呢？老实说，林老师也没什么“葵花宝典”，就只有这“三斧子”的经验，可以拿来和同学们唠叨唠叨。

换一个脑筋

我知道，你那小脑袋里充满了宏大的“人生理想”。但是，现在还是先来思考思考如何实现你的“职业目标”吧。毋庸讳言，“理想很丰满，现实很骨感”，先前宏大的理想，照进现实的只能是一部分光亮，甚至全是阴影。你会感到实现它是如此的遥遥无期。这时候，咱们需要转换频道，当务之急是把理想转化为一个个具体的职业目标，并制订出切实可行的方案，然后去一步步实现它。别忘了，对于学生来说，求学的目的是学到知识，取得好成绩；而对于职场人来说，工作的目的是完成组织交付的某项任务，这是两种不同的身份。

找一个“雷锋”

要想成为优秀的职场人，最简单的办法就是找一个职场榜样来学习。小时候，每当我做错事，老妈经常教育我“没吃过肥猪肉，还没看过肥猪走吗？”这话“话糙理不糙”，多看看职场上的“肥猪”如何走路，这会让我们少走很多弯路。模仿的第一步是“装模作样”。首先从他的着装礼仪上进行模仿，然后模仿他的一言一行，模仿他的处事方法，模仿他的思维方式。模仿一点都不丢人，大书法家们不也都是从模仿颜真卿、柳公权、欧阳询开始的吗？**“装模作样”多了，就会“像模像样”，进而“有模有样”，直至达到“一模一样”。**

有两个态度

第一个态度是谦虚。谦虚是中国传统文化的精髓之一，当然，老外也不是处处讲竞争。要尊重单位的老员工，遇事多请教，多沟通。谦虚的品质不仅会让你自己进步快，同时也会让同事们更快地接纳你，从而让你更快地融入集体。学生时代独立学习，只需要对自己负责；而作为职场人，强调的是团队协作精神。在中国，不客气地说，不懂得谦虚的人都会被团队孤立。

第二个态度是敬业。职场人最需要的就是敬业精神。作为职场新人，你开始做的很可能就是接个电话、发个传真、取个快递、送个文件等这些鸡毛蒜皮的小事。专业性的工作一般要经过培训和积累一定经验之后才会让你去做。此时最需要保持良好的心态，认认真真地做好你的每一件工作，哪怕只是在兼职或者实习，因为这是考验你职业素养的关键时期，千万不要觉得自己被大材小用了。如果你经常摆出一副“怀才不遇”的样子，领导一定会认为你小事干不了，那大事也不会让你干，这样下去最终便影响了自己的职业发展。

好了，“老人言”说多了就会招人烦。你已经是一只雄鹰了，老师只希望你飞得更高，飞得更远！

19. 司马懿：沉住气，慢慢来，不求成功，但求“功成”

东汉建安六年（公元201年），河内郡统计局的干部，22岁的司马懿遇到了人生中的重要转折时刻。

本朝最有权势的高官，司空大人曹操要征辟他为司空主簿。从基层公务员一跃成为领导身边的秘书，这是多少人梦寐以求的好事呀！

哥哥司马朗极力劝司马懿赴任，在他看来，曹操在官渡之战中新败袁绍，事业如日中天，所以跟着曹操前途无量。再加上父亲司马防对曹操有提携之恩，因为曹操初入职场，能担任首都城北区的公安局局长（洛阳北部尉）就是由时任首都市长（京兆尹）司马防推荐的。司马朗相信，有了这层关系，曹操将来一定不会亏待司马懿。

可是司马懿做了一件让所有人都大跌眼镜的事，他以突然身患风痹，行动不便为由婉拒了曹操。

对此，《晋书·宣帝纪》给出了解释：“帝知汉运方微，不欲屈节曹氏。”就是说司马懿忠于汉室，不满曹操的专权，不愿意为曹操效力。这个理由在细究之下比较牵强，因为当时司马懿的哥哥已经在曹操手下当官，那么司马家应该早就没了这个心理障碍。可是司马懿宁可装了七年的病，在家当了七年“宅男”，也不愿意出来工作，这一定有他的考量。

可能的理由有二：一是袁绍虽败，但仍然拥有冀州、青州、幽州、并州四州之地，地盘最大，人口最多，经济基础也最好，鹿死谁手，尚未可知，故此时跟着曹操混，风险依旧不小。二是不能把所有鸡蛋都放在一个篮子里。哥哥在曹操手下为官，这边自己再观望观望，见风使舵，为司马家族留条后路，反正自己只有22岁，未来有的是机会。这一招和后来他辅佐曹丕，让弟弟司马孚跟着曹植是一个道理。曹丕、曹植都有希望继承曹操的事业，这样两边都有自家人，这是双保险。

以上理由也只是猜想而已，真实的情况只有司马懿自己知道。但不管怎样，对司马懿来说，他觉得时机不成熟就不着急出来做官，他有这个定力和耐心。换言之，司马懿的原则就是看准了再行动，局势不明朗的时候不冒险，用毛主席的话说就是“稳打稳扎，不求速效”。纵然赔率不高，但胜在稳赢。正是在这种思想的指导下，司马懿对外熬死了诸葛亮，清扫了汉末三国的战场；对内麻痹了政治对手曹爽，一步一步地蚕食了曹魏政权。最终，他成了魏国的实际掌舵人，并为他的孙子一统天下奠定了基础。

笑到最后的赢家，往往是那些沉得住气的人。

但如今的社会是一个高效率、快节奏的社会，空气中弥漫着浮躁不安、急功近利的味道。

张爱玲说："出名要趁早。"职场"导师"们告诉你："你要么出众，要么出局！"媒体上到处都是"一夜暴富"的青年创业的故事。焦虑就像野草，在人们心中疯狂生长。每个人都想快速成功。

"板凳甘坐十年冷"被嘲笑为"傻"；"十年磨一剑"被视为"痴"；"一步一个脚印"被嘲笑为"笨"。人们为了追求快速成功，不放过眼前的任何机会，哪怕机会背后藏着巨大的风险，因为对成功的渴望已经影响了他的判断力。

所以，我们要学习司马懿的沉着与冷静，在诱惑面前要保持足够的淡定与理智。

可是有人会问，此时不搏何时搏？错过了成功的机会怎么办？

答案是：好的人生，不怕大器晚成。

"大器晚成"的版权所有者是老子，中国最有智慧的人，或者严谨一点，中国最有智慧的人之一。

生产一只一次性纸杯的时间肯定不如烧制一个紫陶茶壶的时间长，而烧制一个紫陶茶壶的时间肯定不如铸造一个青铜大鼎的时间长，这其实是最朴素的道理，用老子的话说就是"大道至简"。

成功应该是一个从量变到质变的过程，需要积累。我们真正要追求的不是成功，而是“功成”，功到自然成。

速长的树木材质疏松，常被当作绿植观赏或当柴烧，无法做家具。坚硬的树木用途广泛，能做家具但生长缓慢。海南黄花梨有“木黄金”之称，价格极其昂贵，但贵也有贵的道理，因为野生黄花梨至少要经历 100 年才能成材，而成为制作家具的材料至少要经历 300~500 年才有可能。

大器晚成，是普遍的自然规律。

大器晚成并不是排斥早成才，年轻有为是好事儿。大器晚成也不是指什么时候开始都不晚，虽然这也是一碗有营养的“鸡汤”。很多人举刘邦 48 岁造反，姜子牙 80 岁遇明主，摩西奶奶 70 多岁学画画的例子来证明大器晚成，这其实是个误解。人要早立志、早动手、早准备是对的，大器晚成指的是铸就“大器”需要花的时间长，需要下的功夫深。

老子告诉我们，完美的人生需要夯实基础，需要岁月的洗礼和生活的淬炼。在追求成功的路上要保持良好的心态，不要太着急，要沉住气，每天做一点，功到自然成。

老子还说：“民之从事，常于几成而败之。慎终如始，则无败事。”

一般人做事，常常只做到几成就失败了，因为心态急躁，坚持不下去；而那些踏踏实实前进，始终如一的人，做什么事都不会失败。

我在网上看到了新东方创始人俞敏洪的演讲，他说：“你们用 5 年做成的事情我用 10 年去做；你们用 10 年做成的事情我用 20 年去做；如果这样还不行，我就保持身体健康、心情愉快，到 80 岁把你们一个个送走以后再来做。”

一个人能做到这一点，想不成功都难。成功要的就是这个劲儿。

20. 读懂了司马懿的小心思，职业选择一点都不难

占领街亭之后，司马懿率十五万大军，浩浩荡荡杀奔西城。

部队到了城下，所有人都呆住了。

只见小小西城，四门大开。孔明披鹤氅，戴纶巾，坐于城楼之上，笑容可掬，焚香操琴。左边有一童子，手捧宝剑；右边有一童子，手执麈尾。城门内外，有二十几个环卫工人，一边低头洒扫，一边进行垃圾分类，阒若无人。

要不要冲进去？

此时，西城的气氛显得特别紧张。

城上，两千五百人命悬一线，心都提到了嗓子眼儿。

城下，十五万大军的眼睛都盯着司马懿，等着主帅一声令下，面对吉凶难测的命运。

司马懿定了定神，深呼吸了三次，果断下令：前队变后队，后队变前队，撤退！一炷香的功夫，大军撤得无影无踪。

诸葛亮终于绷不住，整个人几乎虚脱，暗自庆幸司马懿中计。

人们都以为司马懿得知真相之后一定会气急败坏，十分后悔，但是没有，司马懿只是仰天长叹："吾不如孔明也！"表达了对敌人的尊敬。

其实，要不要冲进去，对司马懿来说，表面上看起来是“Yes or No”的问题，实际上是对三种结果取舍的决策问题：

A. 冲进去，一切顺利，活捉诸葛亮，大获全胜，自此西蜀没了主心骨，趁热打铁，吞并西蜀，收益最大，这是最完美的结果；

B. 冲进去，中了诸葛亮的埋伏，战死或者做了俘虏，身败名裂，前功尽弃，收益最小，这是最差的结果；

C. 不理他，全军撤退，保住胜利成果。魏军已经拿下街亭，蜀军失去战略要地，必须退回汉中，此行领导交办的退敌任务完成，这是中间的结果。

司马懿的想法：我不追求最优的结果，因为追求最优的结果，风险也最大。诸葛亮一生不曾冒险，今天的表现明显不符合他的一贯风格，这就又增大了危险系数。从司马懿面临的情形来看，一旦决策失误，前期的战果也将归零。所以，司马懿果断地选择了C选项，只求达到战略目的，不求锦上添花。这不是最完美的结果，却是最满意的结果。

司马懿的思路和现代管理学的决策理论不谋而合。

美国管理学家、诺贝尔奖得主、决策理论学派的代表人物赫伯特·西蒙（Herbent Simon）认为，不论是从个人日常生活经验中，还是从各类组织进行决策的实践中，寻找可供选择的方案都是有条件的，不是漫无限制的。因此，决策者不可能做出最优化的决策，只能做出满意的决策。所以西蒙采用“满意原则”代替传统决策理论的“最优化原则”（赫伯特·西蒙．管理行为 [M]. 詹正茂译．北京：机械工业出版社，2004）。

满意原则也适用于大学生的职业选择。

在多个职业选择之间，我们不用追求最优的，因为最优的那个选择几乎永远都不存在。平台大的可能发展慢，发展快的可能待遇低，待遇高的可能加班多，加班少的可能没前途，“钱多事少离家近，数钱数到手抽筋”只能出现在梦里。

更何况，如果真有那个最优的选项出现，那么请注意，它对你的素质要求也会特别高，结果就是它多半也不属于你。

所以没有最优的选择，只有当下最合适的选择。

21. 看懂了孔子的年谱，你将不枉过此一生

美国学者舒伯（1910—1994）被视为当今职业规划与生涯教育领域最具权威性的人物之一。国内出版的很多教材都把舒伯在 1953 年提出的生涯发展阶段论视为国际上最早提出的生涯发展理论。

实际上，早在 2 400 多年前，我国教育家孔子就已经提出了类似的理论（或者说思想）。

《论语·为政》中记录了孔子的这样一段话："吾十有五而志于学，三十而立，四十而不惑，五十而知天命，六十而耳顺，七十而从心所欲，不逾矩。"不同的是，孔子的理论是从概括自己生涯发展每个阶段的不同特点提出的，这在当时应该是个案，或者只代表一小部分群体。但是今天，重新咀嚼、体会这段话，你会发现它能带给我们很多启示，非常值得借鉴。

尊重自然规律，每个年龄段做好应该做的事情

孔子说的"十有五而志于学"，可以认为是在 15 岁时确定职业理想或人生的终极奋斗目标。15 岁之前与舒伯说的成长期（0岁至 14 岁）正好吻合。今天的人们不一定都要学孔子立志钻研学问，因为我们的选择实在太多。但可悲的是，如果你到过高校招生咨询会

的现场，你会发现根本见不到几个高中生。高考考的是学生，考后就要考家长。大部分考生的志愿还是由家长代劳填报的。

“三十而立”，并不是说30岁就一定要成家立业。当然，30岁成家立业也不错。30岁并不应该成为检验事业成功与否的一道门槛，但此时心性要基本成熟，要有独立的人格意识；要有能力承担自己应该承担的责任；要具备自立的能力，在社会上找到自己的位置，在职场上站稳脚跟。“立”还有“立得住”的意思，要能经风雨、耐霜雪，具备百折不挠的毅力和坚强的心理素质。

“四十而不惑”，并不是说人到了40岁就活得什么都明白了，而是指经历了许多事情以后，40岁以后应该有自己的判断力，包括是与非、善与恶、好与坏、美与丑，等等。我理解，孔子强调的是我们内心的坚守。此时的我们应该坚定理想与信念，三观牢固，不会因为外界的影响而迷惑和动摇。

具体到职业生涯上，40岁以后，你已经明白对你而言什么是最重要的。工作不应只是谋生的手段，更应该是你觉得有意义的、甘于为之奉献的载体，这样你就不会因为职位的高低、待遇的多少、晋升的快慢、环境的好坏等一些因素而频繁跳槽。

对于一个在职场上打拼的人来说，最幸福的事情就是你所从事的工作正好是你热爱的事业。

随着年龄的增长，人的修养和思想境界也应不断提升

“五十而知天命”，不是所谓的宿命论，一切听天由命，而是明白了天道运行的规律，即认识问题深刻，了解社会、人生的基本规则（杨朝明《论语诠解》）。古人一直有“天人合一”的思想，所谓命运，都是自己造就的，因此就应不怨天、不尤人。

“六十而耳顺”，有学者认为这是指听人说话时能明辨是非。还有学者认为这是指闻听事情之然，则知事情之所以然，这固然又更进一层，但我想这其中还有另外一层意思，也是我认为最重要的，就是有一个包容的心态，能够听进那些不同的意见，甚至是批评和反对的意见。同时，理解人的局限性，最大限度地尊重别人，对别人的错误言论也不大惊小怪。

“七十而从心所欲，不逾矩”，就是在不违背客观规律和道德规范的前提下，做到随心所欲、言行自由。这种“从心所欲”，并不是说“我都这么大岁数了，想干什么就干什么吧”，而是心智上的成熟与稳定，心态上的淡定与从容，心灵上的解放与自由；是在心灵的指引下，行于当所行，止于当所止；是在人生暮年，在修养和思想境界上达到新的高度。

孔子的这段自我总结，与舒伯的生涯发展阶段论既有共同之处，又有很大区别。**它既是对生涯发展特点的概括，也是人的修养和思**

想境界不断提高的过程，更是人生不同阶段所应达到的理想生活状态。难怪明朝大儒顾宪成在《讲义》中充满敬意地评价：**“这章书，是夫子一生年谱，亦是千古作圣妙诀”**（程世德《论语集注》）。

舒伯将人的生涯发展的五个阶段分为成长期、探索期、建立期、维持期与衰退期，每个时期都有不同的生涯任务。

成长期（出生至 14 岁）。这个阶段的特征是：开始考虑自己的将来，逐渐具备一定的生活控制能力，获得胜任工作的基础，并且在该阶段末期，越来越意识到和关心长远的未来。个人所要做的，是通过学校学习、社会活动来认识自我，理解世界及工作的意义，初步建立起良好的人生态度。

探索期（15 岁至 24 岁）。这个阶段是职业认同阶段，个人在这一时期里有了初步的职业选择范围，并且为之准备教育或者实践。该阶段的任务是深化对职业和工作的人事，将学习成果和实践经验沉淀结晶，将自己的职业偏向具体化，并初步实施。

建立期（25 岁至 44 岁）。个体在这个阶段开始确定自己在整个生涯中应有的位置，并开始增加作为家庭照顾者的角色。这个阶段的任务主要是在不断的挑战中稳定工作，并学会合理地平衡家庭和事业。

维持期（45 岁至 65 岁）。个体已经找到了适合的领域，并努力地保持在这个领域的成就。与前一阶段相比，这个阶段发生的变化主要是职位、工作和单位的变化，而不是职业的变化。个人应主要巩固已有的地位并力争有所提升。

衰退期（65 岁以后）。该阶段的重心逐步由工作向家庭和休闲转移。该阶段的主要任务是安排退休和开始退休生活，在精神上寻求新的满足点。

22. 职涯发展的最高境界：行到水穷处，坐看云起时

研究职涯发展这么多年，每每和人讨论职涯发展的最高境界是什么，我都会说出大诗人王维的这句诗："行到水穷处，坐看云起时。"（《终南别业》）想把我的认识写下来，已有一年多的时间。迟迟不敢动笔，主要是觉得对职涯发展的研究，自己还是个肤浅的门外汉，不应该过早地下这样武断的结论。而且，每隔一段时间，我对这十个字的理解也不一样，这就更使我心生敬畏。直到有一天，一位朋友开导我说，不用追求完美，你的想法一直处在发展与变化当中，你是当下的你。

于是我受到鼓舞，勇敢地写下这个题目。生命就像一列高速奔跑的单程列车，出发了就无法回头。如今人在半途，记下这一阶段对生涯发展的感悟，这也算是给自己的礼物。

"行到水穷处，坐看云起时"，这是职涯发展的最高境界。当你把"行到水穷处"看作横坐标，把"坐看云起时"看作纵坐标，就会发现职业生涯发展不仅只有一个维度。我们在一个维度内发展，总有一天你会遇到瓶颈或者天花板。从政的止步于处长、局长，从教的止步于讲师、副教授，做学问的止步于长江、杰青……

当我们无法再取得突破的时候，有的人选择拼命维持现状，有

的人选择“当一天和尚撞一天钟”，得过且过，甚至还有的人选择利用手中掌握的资源及时行乐。此时，还有一种更加积极的选择，那就是在新的维度上寻找发展的可能。横坐标我们看的是“水”，纵坐标我们观的是“云”，也许在新的维度上你会取得意想不到的成绩。1992 年，马云创业时成立的第一家公司叫海博翻译社，创业之初即面临亏损，如果马云抱定做成杭州最好的翻译公司，不是没有这个可能，但肯定不会成就阿里巴巴今天的传奇。

老子说：“知人者智，自知者明。”执着于自己的职业理想，上下求索，攻坚克难，固然值得称道；但了解自己的限制，承认现实的阻碍，不再执念地往前走，也是一种“破执”，同样让人敬佩。

说到职涯发展的境界，我最喜欢拿苏轼举例。苏轼因遭“文字狱”死里逃生，在 44 岁时被贬到荒凉的小镇黄州任民兵团副团长，还是个虚职，以戴罪之身在地方官府的监视下居住。在那里他不能签署公事，窘迫到要自己动手盖房子、种地，职业生涯进入低谷，可谓“行到水穷处”了，但他既没有在“寂寞沙洲冷”的意境中消沉，也没有选择蝇营狗苟，在官场上苦心钻营。他停下仕途的脚步，发挥自身其他方面的优势，以欣赏者的姿态重启人生。不仅成就了自己，也给后人留下了巨大而宝贵的精神遗产。

在黄州期间，苏轼在很多方面取得了极高的成就。文章，留下了前后《赤壁赋》这样的千古名篇；书法，留下了号称天下第三行书的《寒食帖》；绘画，留下了《枯木松石图》这样的旷世名作，开创了文人画写意的先河。尤其在诗词方面，更是给后人留下了许多千古绝唱，让今天的我们能够领略“一点浩然气，千里快哉风”（《水调歌头·黄州快哉亭赠张偓佺》）的博大胸怀，欣赏“一蓑烟雨任平生”“也无风雨也无晴”（《定风波·莫听穿林打叶声》）的旷达洒脱，感慨“大江东去，浪淘尽，千古风流人物”（《念奴娇·赤壁怀古》）的雄健豪迈，惊叹“门前流水尚能西！休将白发唱黄鸡”（《浣溪沙·游蕲水清泉寺》）的青春活力。

入选高中语文课本的苏轼的作品全部都是苏轼谪居黄州时期所作。正如苏轼自己所说，在黄州，苏轼已经不是苏轼，而已经成为全新的苏东坡了。余秋雨先生说苏轼在黄州实现了“突围”（《苏东坡突围》）。在我看来，苏轼并没有去突围，他只是换了个方向茁壮成长而已。

《晋书·阮籍传》记载了名士阮籍的怪异行为：他经常独自驾车，不择方向，让车马任意而行，直到走到无路可走，就停下车来大哭一场，然后返回。阮籍的“行为艺术”表达的是对“穷途末路”的悲观绝望。很多人对此津津乐道，觉得很有个性。我却觉得这并不可取，这与苏轼相比，境界可谓天壤之别。

“行到水穷处，坐看云起时”，这是职业生涯发展的辩证法。水穷之处也是云起之时，一项事业的终点，也可能是另一项事业的起点。身处绝望之时，也可能正是希望所在。职业生涯有太多的不确定性，但这也正是它的魅力所在。我们应该随缘而行，随遇而安。

我很喜欢著名主持人蔡康永对于“随遇而安”的解读。

他说：“想给大家一点小小的建议，不要把‘随遇而安’当成很被动无奈的四个字，我会把它当成一个非常积极而有乐趣的字。‘随遇’是一定的，人生就是随着我们的机遇在往前走，可是‘而安’的安，应该把它当成一个主动的动词，你碰到什么机遇，就要把它搞定，‘安’就是把它搞定的意思。所以，不要倒过来想因为无可奈何，我只好接受命运的安排。”

“行到水穷处，坐看云起时”，这也是面对人生最好的态度，不只限于职业生涯。“行到水穷处”是对理想的不懈追寻和努力探索，是让我们以儒家积极进取的心态入世；“坐看云起时”是关注当下、活在当下、欣赏当下的感悟，是让我们以道家淡泊宁静的心态出世。

“行到水穷处，坐看云起时”。王维以平静的心态看待世间的无常。对于追求的一切，“得之，我幸；不得，我命”，如此而已。得意时，心能淡然；失意时，心能泰然。心随花开，则心花怒放；意随叶落，则顺其自然。即便身边“众鸟高飞尽”，我亦“孤云独去闲”。即便身处绝境之中，心灵还可以遨游宇宙，天人合一、物我两忘，体会浩渺深远的人生意蕴。

“行到水穷处，坐看云起时”，“此中有真意，欲辨已忘言”。

23. 王维：职涯发展的三种境界

是的，你没有看错，这不是王国维《人间词话》里讲立业、治学的三个境界，这里真的少了一个“国”字。

独坐幽篁里，弹琴复长啸。
深林人不知，明月来相照。
——《竹里馆》

这是王维《辋川集》二十首中的第十七首。《辋川集》最能体现王维的诗中“诗中有画”的意境，而这首诗的画面感尤强。在幽深静谧的竹林里，一个人白衣如雪，独坐弹琴。一曲终了，知音难觅，唯有向天长啸。在深林之中没人知晓他在这里，只有一轮明月与其静静相伴。

这个意象很像我们职业生涯的早期，“独坐幽篁里，弹琴复长啸”，是不断积累，不断磨砺，不断“打怪升级”的过程。这个过程的特点是自己的努力不为人知，是寂寞和孤独的，但也就是在一遍遍“弹琴”的过程中，能力和水平得到了提升。

中岁颇好道，晚家南山陲。

兴来每独往，胜事空自知。

行到水穷处，坐看云起时。

偶然值林叟，谈笑无还期。

——《终南别业》

“行到水穷处，坐看云起时”，这个意象很像我们职业生涯的中晚期，“行到水穷处”是我们沿着一条发展路径一直走下去，沿途不断有惊喜和收获，但终于到了职涯发展的瓶颈，遇到了“天花板”，无法突破自己。“坐看云起时”是我们在人生的另一个维度生长。这是职业生涯发展的辩证法。水穷之处也是云起之时，一项事业的终点，也可能是另一项事业的起点。对这两句诗的感悟，详见上文《职涯发展的最高境界：行到水穷处，坐看云起时》，此处省略。

下马饮君酒，问君何所之？

君言不得意，归卧南山陲。

但去莫复问，白云无尽时。

——《送别》

这是王维送友人归隐的诗。“但去莫复问，白云无尽时”，你去就去吧，我也无须再问，看那天空浩渺，白云自由飘荡，这不就是你向往的悠闲自在、无拘无束、无挂无碍的生活吗？

把这句诗用在我们职业生涯末期和退休时期很恰当。老子说：“功成身退”，退休就退休了，这是自然规律，不必留恋职场的火热生活，不必在意退休金没有在岗时的收入高。在岗时我好好工作，离开时——“悄悄的我走了，正如我悄悄的来；我挥一挥衣袖，不带走一片云彩”。这就是人生，一切顺其自然吧。

就业实务篇

JIU YE SHI WU

1. 为什么司马懿会中空城计？和你的简历有关

标题党！司马懿中了空城计和我的简历有什么关系？

有关系，而且关系很大。

为了说明这件事儿，我们先来重温一下《三国演义》中关于空城计的经典片段：

孔明将人马分拨已定，先引五千兵去西城县搬运粮草。忽然十余次飞马报到，说："司马懿引大军十五万，望西城蜂拥而来！"时孔明身边别无大将，只有一班文官，所引五千兵，已分一半先运粮草去了，只剩二千五百军在城中。众官听得这个消息，尽皆失色。孔明登城望之，果然尘土冲天，魏兵分两路望西城县杀来。孔明传令："将旌旗尽皆隐匿；诸军备守城铺，如有妄行出入，及高声言语者，立斩！大开四门，每一门用二十军士，扮作百姓，洒扫街道。如魏兵到时，不可擅动，吾自有计。"孔明乃披鹤氅，戴纶巾，引二小童携琴一张，于城上楼前，凭栏而坐，焚香操琴。

却说司马懿前军哨到城下，见了如此模样，皆不敢进，急报与司马懿。懿笑而不信，遂止住三军，自飞马远远望之。果见孔明坐于城楼之上，笑容可掬，焚香操琴。左有一童子，手捧宝剑；右有一童子，手执尘尾。城门内外，有二十余百姓，低头洒扫，旁若无人。懿看毕大疑，便到中军，教后军作前军，前军作后军，望北山路而退。

我们今天在读这个故事的时候，着实为诸葛亮同志捏了一把汗。此计实在是太险！司马懿十五万大军，只要先派出五千人探探虚实，攻一下城，那诸葛亮就彻底完了。

诸葛亮为什么敢如此冒险？一是没办法。没兵没将没后援，守也守不住，打也打不赢，跑也跑不远。二是出于对司马懿的了解。司马懿这人生性多疑。

那么，司马懿为什么做了“必有埋伏”的判断，既不冲锋也不试探，而选择拍拍屁股，立刻走人呢？同样是出于对诸葛亮的了解，因为**“亮平生谨慎，不曾弄险。今大开城门，必有埋伏。我军若进，中其计也”。**以前诸葛先生从来都不是这样的，从来不冒险，更不用说拿自己的性命开玩笑了，那么他今天的反常行为一定是有原因的，一定是个圈套！所以司马懿试都不试便果断撤退。司马懿相信现代管理学上的一条定律，叫“看人要看一贯性”。

看人要看一贯性。这就涉及我们今天要谈的简历的话题了。**心理学认为：预测一个人未来的样子，往往是通过他过去的行为，尤**

其是典型行为的分析和判断来预测。这就是单位人事部门在面试你之前一定要看简历的理论基础。不止是简历，面试的问题也会涉及你过去的经历。

所以，亲爱的毕业生同学，不管你愿不愿意，有没有时间，只要你想找一份理想的工作，就一定要做一份漂亮的简历。

而且，简历上所呈现的信息，一定要对你即将从事的工作具有正面作用，反之就是无效信息。

如果你的简历上面有“以专业第一名的成绩保送研究生”的信息，他们就会认为你的学习能力“杠杠”滴；

如果你的简历上面有“作为院学生会主席，曾经两次筹办本学院毕业晚会”的信息，他们就会认为你的组织、协调能力强，将来在公司有希望走进管理层；

如果你的简历上面有“曾经在某世界500强企业实习半年，并且实习鉴定结果为优秀”的信息，他们就会认为你曾经被大公司肯定过，雇用你应该是个不错的选择；

如果你的简历上面有“上学期间，用勤工俭学省下来的钱，资助过2个贫困山区的小学生”的信息，他们就会认为你将来也会乐于助人，与公司同事和谐相处；

如果你的简历上面有“曾经在中国某某软件设计大赛中获特等

奖”的信息，他们就会认为你将会成为一个合格的“码农”；

……

对，他们就是这样想的。他们就是**在用你过去的行为和表现来推测你未来在公司可能的职业生涯发展。**

你的工作会影响你的一生。你的简历将直接影响你能否找到合适的工作。对于这么重要的东西，千万不要敷衍，一定要舍得花时间。不要像完成老师交代的作业一样从网上找一个模板，随随便便填上内容就了事，要精雕细琢。写一份简历，花上一周、一个月，甚至一年半载都不为过。只要没有签订就业协议，就要不断修改你的简历。

需要提醒的是，简历不能唱“空城计”，一定要“丰满”且实实在在。至于简历中究竟要写什么，请阅读续篇《简历，简约不简单》。

2. 简历，简约而不简单

刚刚进入九月份，校园招聘会就铺天盖地地袭来，让暑假刚刚归来的准毕业生宝宝们猝不及防。

不管你在心理上是否做好了准备，有一样东西却是一定要准备好的，那就是你的简历。

简历是面试的敲门砖。好的简历会让人产生要面试你的冲动。据说，一个大企业的 HR 平均浏览一份简历的时间是 45 秒。所以，简历的第一要素就是“简”，一般一页 A4 纸足够，最多不要超过两页。

那么，在一张小小的 A4 纸上，应该呈现什么内容呢？

全面简练的个人信息

主要包括：姓名、性别、出生年月、学历、毕业院校、专业、政治面貌、籍贯、毕业时间、个人照片、电话与电子邮箱等。

通信地址就免了，因为手机都能远程面试了，没人给你寄信发通知。

在北京就读的，一定要有籍贯或者生源，因为北京生源不需要申请落户指标。

照片一定要有，没有照片会让人产生此人形象不佳，不敢露面的联想，但请不要用生活照。

研究生学历的，还要填写本科就读院校。现在很多单位比较重视你的第一学历，也就是你的出身。本科就读于 211、985 高校的毕业生必填。有同学专门辟出“教育背景”栏，亦可。

特别提示：身份证号和家庭电话千万不要写，以免被不法分子利用。

求职意向

建议在首页前三分之一的显要位置表明你的求职意向，否则单位的 HR 不知道要把你的简历分给哪个部门。

如果招聘单位有多个岗位都适合你，也只填写一个，别太贪心。如果担心求职面窄，可以注明“接受调岗”。

有人担心写求职意向会使自己的求职范围过窄，其实这种忧虑没有必要的。不写求职意向或写多个求职意向，都会让人认为你不知道自己究竟想干什么，这样更糟糕。

实习实践经历

对于实习实践经历，有的人喜欢按时间顺序写，有的人喜欢倒叙，但这不是重点，重点是不要简单地罗列你都干了些什么，而是写清楚这些经历能表明你具备何种能力和取得的成就。

那些诸如交通志愿者、发个广告传单、半天的商场促销活动等实践经历就算了，层次有点儿 low。

你不需要无所不能，只需要具有岗位所需要的能力即可。

我在上一篇中说过，**“预测一个人未来的样子，往往是通过他过去的行为，尤其是典型行为的分析和判断来预测”。**所以实习实践经历是简历中最重要的部分。

所获奖项或证书

这个无须赘言，证明你过去成就的东西当然是多多益善，甚至有驾照都是加分项。但也要注意其与岗位的相关性。一个应聘程序员岗位的同学，大写特写自己在美食大赛中获得奖项，是不会加分的，只会浪费版面。

自我评价

这个内容是有争议的。有人说你自己的评价是“王婆卖瓜、自卖自夸”，谁信啊？还是省省地方吧！

但是我个人在看应聘者简历的时候，是会注意这一部分的。一个人的自我评价反映了其对自我的认知，在一定程度上有利于加深用人单位对你的了解。当然，你不要在自我评价部分无中生有或者夸大其词，实事求是即可。

特别提示：自我评价内容也要和应聘岗位所需素质相关。

小小简历看似简单，其中蕴含的学问却很多。

3. 写好简历，最重要的是破除这两个“执”

众所周知，就个人简历而言，最核心的内容和最难写的内容就是实践和工作经历，包括校内外的实习、科研和项目经历。其他如教育背景、获奖情况、民族、籍贯等都是客观信息的陈述，而实践和工作经历就不是简单的履历再现，而是传达应聘者具备什么样的能力的载体。

我在实际指导学生撰写简历的时候，被问到最多的问题也是实践和工作经历怎么写。但是，简历看多了，我发现很多同学经常犯两个错误，概括起来，一曰“我执”，二曰“法执”。

“我执”，就是站在自己的角度，写自己觉得重要的经历。

实习经验

2015.3-2016.3 **山西晋城银行**
校园总代理

1.晋城银行校园之行的目的主要是向广大学生推广其学生卡，其次是为在校生提供一个很好的就业实习平台;
2.在作为[illegible]大学校园总代的期间，累计办卡1200余张，成功推荐3人进入太原分行实习。

2014.9-2014.10 **苏宁卖场**
LG销售部销售员

主要负责太原市五一路苏宁卖场LG电视的销售，一个月的时间，累计共卖出电视38台。

2019.3-2019.7 **字节跳动**
HRBP实习生

1.在职期间为商业化部门HRBP实习生，主要负责全国11个城市的销售人员的招聘工作（包括与业务线对接用人需求，负责候选人在公司面试的全流程），团队员工关系的处理以及处理leader交付的其他支持性工作;
2.熟练运用智联，猎聘，无忧，脉脉，BOSS等招聘平台，在职期间，共处理千余份简历，搜索简历合格率达50%以上，共邀请141人参加面试，成功入职七个销售，两个实习生;
3.总结编写了该实习岗位的工作流程图。每天都会对该日的工作进行复盘，总结不足与经验。

针对上面的简历（局部），如果仅仅看实习经验部分，这份简历似乎没什么问题。但如果你知道这是一个飞行器设计专业的研究生应聘某导弹研究单位的科研岗位的简历，你就会发现这三段实习经验基本上是在浪费版面，即便每个经历都值得大书特书。很显然，这个岗位最看重的是他的学习能力和科研能力，而不是营销能力。

要知道，**简历就是“人职匹配”的一纸证明，其重点不是证明你有多少能力，你多么牛，而是证明你有多少岗位所需要的能力，证明你是合适的人选。**所以要站在 HR 的角度思考，在简历中写什么样的经历来突出什么样的能力，而不是面面俱到、无所不能。

“法执”，就是所有经历的撰写都套用一个公式，按照一个方法或遵循某个固定原则来写。犯这个错误的同学，往往并不是简历“小白”，基本上都经过专门的学习或训练。我们来看下面这张图，同样来自一份真实的简历。

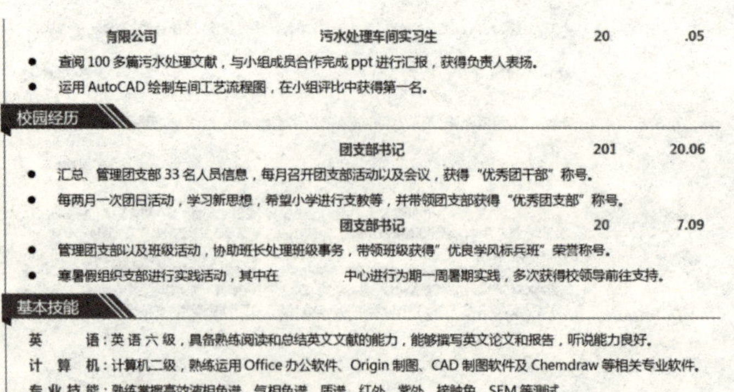

有限公司　　污水处理车间实习生　　20　　.05

- 查阅 100 多篇污水处理文献，与小组成员合作完成 ppt 进行汇报，获得负责人表扬。
- 运用 AutoCAD 绘制车间工艺流程图，在小组评比中获得第一名。

校园经历

团支部书记　　201　　20.06

- 汇总、管理团支部 33 名人员信息，每月召开团支部活动以及会议，获得“优秀团干部”称号。
- 每两月一次团日活动，学习新思想，希望小学进行支教等，并带领团支部获得“优秀团支部”称号。

团支部书记　　20　　7.09

- 管理团支部以及班级活动，协助班长处理班级事务，带领班级获得”优良学风标兵班”荣誉称号。
- 寒暑假组织支部进行实践活动，其中在　　中心进行为期一周暑期实践，多次获得校领导前往支持。

基本技能

英　　语：英 语 六 级，具备熟练阅读和总结英文文献的能力，能够撰写英文论文和报告，听说能力良好。

计 算 机：计算机二级，熟练运用 Office 办公软件、Origin 制图、CAD 制图软件及 Chemdraw 等相关专业软件。

专 业 技 能：熟练掌握高效液相色谱、气相色谱、质谱、红外、紫外、接触角、SEM 等测试。

我相信大家对这样的简历一定似曾相识，估计 HR 朋友已经哑然失笑了。这份简历并不是写得不好，而是写得太“标准”了！基本上就是按照好多老师或专家教的套路来写的，业内称之为 STAR（情景、任务、行动、结果）法则。此处请允许我把 STAR 法则稍微展开一下，这项法则要求求职者在写经历时要具备以下要素：一是在单位或项目中你的职务；二是你负责的内容；三是你如何开展工作；四是你获得的成绩或能力提升（成绩用数字说话）。

实际上，并不是每段经历都要这样写，甚至大多数经历都不需要套用这个公式。稍有经验的 HR 一眼就会看出这种用一个模子铸造的痕迹，从而产生不好的印象。有些职务或经历本身就是“信号灯”，有些又属于锦上添花，根本无须小题大做。就上图这份简历而言，大家都知道“担任团支部书记”的经历所传递的信息，无须“汇总、管理团支部 33 名人员信息，每月召开团支部活动以及会议，获得‘优秀团干部’称号”这样的语言描述。同理，也不用在“在某公司污水处理车间做实习生”下方写上“查阅 100 多篇污水处理文献，与小组成员合作完成 ppt 进行汇报，获得负责人表扬”这样的信息。当然，如果在岗位上做出了重大贡献，自然可以写上；如果没有，最好还是节省宝贵的版面。

所以，奉劝那些掌握了简历写作“秘籍”的同学们，不要拘泥于方法，还是要围绕“人职匹配”这个核心原则来写，套用时髦的网络用语时“少一点套路，多一点真诚”即可。

4. 庞统面试篇：试试挑战考官的权威？

庞统，字士元，号凤雏，与诸葛亮齐名。在《三国演义》里，庞统先生到垄断央企曹氏集团、地方国企孙氏集团和民营企业刘氏集团都求过职。当然，这要搁在今天，咱们大学毕业生面过十几家单位也不是啥稀奇事儿。但人家那时代和咱们不同，像诸葛亮和庞统这样的名人，是可以“良禽择木而栖，贤臣择主而事”的，而我们面临的就业形势，哎！不提也罢。

今天，我们先聊聊庞统先生在东吴集团的面试故事，看看能给我们带来什么启示。

对于庞统的这次面试，《三国演义》中的笔墨并不多，算上标点、符号，也不过 148 个字，然而信息量极大，原文如下：

鲁肃邀请庞统入见孙权。施礼毕。权见其人浓眉掀鼻，黑面短髯，形容古怪，心中不喜。乃问曰：“公平生所学，以何为主？”统曰：“不必拘执，随机应变。”权曰：“公之才学，比公瑾如何？”统笑曰：“某之所学，与公瑾大不相同。”权平生最喜周瑜，见统轻之，心中愈不乐，乃谓统曰：“公且退。待有用公之时，却来相请。”

大家都知道，庞统先生虽然有才，但“颜值”太低，而且不是一般的低。“浓眉掀鼻，黑面短髯”，让东吴集团董事长兼 CEO 孙权一见面，就让他反感。虽然第一印象不太好，但面试还得继续。

孙权的第一个问题是面试中的老套问题，用今天的话说就是“庞统同学，你是学什么专业的呀？”我们庞先生是怎么回答的呢？庞统说：“不必拘执，随机应变。”说得通俗点儿，就是“孙总，学什么专业无所谓，随机应变，有本事才重要”。

大家认为庞统的答案正确吗？

正确极了！

但这样回答对不对呢？

当然不对！

哪儿不对？态度不对。这样回答，言下之意，是在说孙权的问题问得太没水平，这是在挑战领导的权威。职场老司机的忠告：**作为求职者，不管考官问的问题是什么，甚至有明显错误，我们都不要去质疑或辩论。**有的同学可能会说，老师不是提倡质疑精神吗？但面试和科学研究是两回事儿。面试的目的不是探讨真理，而是充分展示我们的能力，让雇主认为我们适合所应聘的岗位。面试中不需要小聪明，也没有必要给领导纠错，否则很可能是赢了辩论却丢了工作。而且，在实际面试中，有很多问题本来就是为了激怒你，测试你的心理素质的。你要是一言不合就针锋相对，那就中了人家的圈套了！

再回到庞统的面试。虽然孙权吃了一个软钉子，但还是很有耐心地问了第二个问题："庞先生，您的才学和周公瑾比怎么样？"这个问题，大家应该能感觉得到，话中带着明显的挑衅意味了。

但庞统是怎么回答的呢？庞统没有正面回答问题，而是笑着说："我学的东西和周公瑾大不相同。"

注意，庞先生并没有谦虚地说一句，周瑜是帅才啊，俺咋能和他比呢？他回答时，还是笑着的，估计也是冷笑，明显就是没把周瑜放在眼里。大家知道，周瑜可是孙权的偶像，东吴前任 CEO 孙策就曾留下"内事不决，可问张昭；外事不决，可问周瑜"的遗嘱，因为周瑜是上上下下公认的人才。庞统否定了孙权的偶像，也就是间接地否定了孙权本人。本来第一印象就不好，这下，孙权可真急了："公且退。待有用公之时，却来相请。"啥意思？简历先放这儿，回去等通知吧。话虽然没说绝，但这通知是永远都等不到了。

从这则故事里，我们可以得出另一个结论：**一个人的本事很重要，但态度更重要！**

不要轻视态度，态度也是能力的一种。当能力差不多时，态度往往能成为一锤定音的决定性因素。

庞统小传：（179 — 214 年），字士元，号凤雏，湖北襄阳人。东汉末年刘备帐下重要谋士，与诸葛亮同拜为军师中郎将。与刘备一同入川，于刘备与刘璋决裂之际，献上上中下三条计策，刘备用其中计。进围雒县时，庞统率众攻城，不幸中流矢而亡，年仅三十六岁，追赐统为关内侯，谥曰靖侯。后来庞统所葬之处遂名为落凤坡。

5. 庞统面试篇：掀起你的盖头来

在上一篇《庞统面试篇：试试挑战考官的权威？》中我们讲到，庞统先生在面试中犯的错误主要还是态度问题，以至于面试中两个最普通的问题都没有过关。

如果我们仔细研究一下，就会发现，这两个问题虽然普通，却揭示了面试问题的实质。有人说，你真能吹牛！就这么一问一答就揭示了面试问题的实质，我不相信！其实，有些问题说破了之后便一点儿都不神秘，只有靠这个吃饭的专家才需要讲上 16 个学时。我不靠这个赚钱，还是说破了吧，面试问题的实质就是 6 个字：人职匹配 + 认同！不信，咱们再回顾一下庞统的面试问题：

（孙权）乃问曰："公平生所学，以何为主？"统曰："不必拘执，随机应变。"权曰："公之才学，比公瑾如何？"统笑曰："某之所学，与公瑾大不相同。"

孙权的第一个问题："公平生所学，以何为主？"这个问题背后的意思就是想看看你的专业是不是在公司的紧缺招聘目录里面，就是看这个岗位你能不能胜任。要回答这个问题，庞统只需如实地介绍一下自己的军事特长和政治谋略即可。东汉末年，群雄割据、战乱频繁，各个集团最紧缺的也恰恰是庞统的专长。以庞统的能力，即便不能拜相封侯，但混个一官半职也不是难事。但因为庞统非要和老板较劲，所以孙权“訾不用之”。

在今天，一年有900多万个“庞统”毕业。大学生早已不是人才市场中的稀缺资源，已经由“天之骄子”变成一个普通的求职者，自然不可能像庞统一样“耍大牌”。恰恰相反，在面试过程中，我们同学最经常犯的错误不是不说，而是说得太多，尤其是自我介绍环节，相当一部分同学把自己描述得无所不能。

我在担任某事业单位招聘专家的过程中，就碰到过一个真实的案例。一个工科的研究生应聘网络中心的网络管理员岗位时，他是这样介绍自己的：我来自××大学××专业，在校期间担任过研究生会文艺部部长，和同学一起成功拉到一笔2万元的赞助经费；我热爱唱歌、跳舞、下棋，喜欢太极拳，并且都取得了不错的成绩；我在某临终关怀医院做过志愿者，在两家餐馆打过工；我的实践经验非常丰富……等这个同学面试完了，在场的考官相视一笑，一致认为这个同学应该应聘工会或者团委，或者居管会！

所以，“老司机”又要说教了：**面试中你有什么能力不重要，重要的是你有多少岗位所需要的能力！**一定要把宝贵的时间聚焦重点，而不是面面俱到。这就需要我们**事先了解应聘岗位所需的能力特质。面试的准备比面试本身更重要。**

人职匹配的一个基本要求是不仅**你合适，还要适合你。**也就是说，这个岗位你能干好还不行，还要不能造成人力资源的浪费。有一个同学们问得比较多的问题：这个单位的岗位要求是本科生，待遇很好，我是研究生，能不能试试？我建议不要去试了。因为一个本科生可以干好的工作，招研究生就是浪费，也不利于你个人的发展。本事大的同学应该应聘更高层级的岗位。

人职匹配这类问题的核心是考察能力。如果你有面试经验，一定碰到过如下问题：

你有什么特长？

你觉得你最大的优点（缺点）是什么？

我们为什么要雇用你？被别人误解时，你是如何处理的？

如果我们录用你，你将怎样开展工作？

谈一谈你的实习经历

……

在此，我就不再一一列举了。那么，你的能力能胜任，工作也适合你，是不是面试就成功了呢？还不行，只能说是成功了一半。实际上，现实中的招聘只考察你能不能干还不够，还要考察你适不适合和大家一起干。俗话说“道不同不相为谋”，咱们得有共同的价值观，也就是“认同”，越是成熟的大企业，越在意这个。回到孙权的第二个问题：“公之才学，比公瑾如何？”从表面上看是在问能力，实际上是在问态度。

前面一篇已经说过，庞统否定了东吴集团最有才的周瑜，这是严重的“领导不认同”，把庞统招进来也就带来了负能量，非常不利于整个团队的发展，这也是孙权不录用庞统的真正原因。

话题扯远了，关于“认同”的问题也是五花八门的，如：

你为什么应聘我们单位？

你最崇拜谁？

你的座右铭是什么？

你觉得这个职位最吸引你的地方是什么？

你为什么放弃你原来的工作？

你希望你的上司是个什么样的人

……

这些问题绕来绕去，但万变不离其宗，无非就是考察你是否认同公司，是否认同公司的文化或者与公司的文化相契合，是否认同公司所从事的事业，等等。只要掌握了面试问题的实质，你一样可以从容不迫、应对自如。

6. 终于明白，为什么女生面试时穿高跟鞋容易成功了，男生也要看

是的，中医是反对女性穿高跟鞋的，当然也反对男性穿。

今天凌晨听梁冬与徐文兵对话的《黄帝内经》，里面讲了女性穿高跟鞋的坏处，我很受启发。

徐老师说，现在女性摧残自己的行为中最常见的，不是减肥，而是穿高跟鞋。

正常人和动物一样，脚后跟和五趾着地，中间是空的，这是一种天然的生理结构。脚后跟叫“踵”，运动的“动”字，其繁体字写法为“動”，就是脚后跟发力的状态。力由足起，气由脊发，这个力通过你的脊柱传导并分布到全身，这是你力量的一个源泉。当脚后跟有力量的时候，这个人的肾气、肾水就足，就能控制住自己的心火，所以会比较平静，这时“神”就容易回来。可是当脚后跟不受力、虚空的时候，心火就开始旺，人就比较容易失“神”。

高跟鞋使人踮起脚，脚尖着地，这种状态像一个汉字“企”，就是企求、企图、企望、企盼的“企”。设想一个场景：当我们去摘苹果时，够不着的时候，自然会用脚尖着地，脚后跟踮起，然后去够它。这是一个人不满足、不断追求的状态。

听到这里，出于职业习惯，我忽然想到面试。因为之前有人告诉我，穿高跟鞋的女生在面试中更有优势，但这只是主观感觉而

已，没有统计学上的调查，所以我也没当回事儿。但现在以中医的理论反观，我相信这个论断是对的。

因为 HR 不只是从“头上”看人，有时候也会从“脚下”看人，是从头到脚的主观评估，也叫“首因效应”。现在因为疫情，不得已采用视频面试，但是效果很差，恐怕也是因为 HR 不愿意只凭看脸就下决心的原因吧。

单位招新人，绝大多数还是希望招有“企图心”的人，“心静如水”，自然对个人健康有益，但企业的发展需要动力和势能，需要新人有一股向前和向上的冲劲儿，需要新人有追求，也就是要符合“企”字的含义。

另外，虽然穿高跟鞋会破坏人的生理结构，不利于健康，但穿高跟鞋确实也能增加身高，增加身材苗条的美感。由于受力的原因，人会收缩臀部、挺起胸膛，同时，高跟鞋敲击地板的声音也会提振人的精神，使人在气场上显得更加职业化和自信。

这也许就是女生穿高跟鞋参加面试时成功概率更大的原因吧。

当然了，为了使立论看起来更完整，我要加上一句废话：面试时是否要穿高跟鞋，具体还要看应聘的是什么样的单位和岗位，因为不同的单位和岗位会有不同的偏好。

7. 搞定面试头号难题：你最大的缺点是什么？

“你最大的缺点是什么？”

你是不是经常碰到这个面试问题？是不是一看到它就恨得牙根直痒痒？

这个问题简直就是面试官的第一法宝。此宝贝一旦祭出，面试官的心理优势立即显现，而面试者则战战兢兢，如履薄冰。

我相信，即便是面试官本人，碰到这个问题也会忐忑不安。

这个问题根本就没有正确答案！因为我们说的是缺点，所以似乎无论说什么，得到的都是负分！

在我从事就业指导工作的十几年中，无数个学生问我这个问题的应对技巧。

但很抱歉，回答这个问题没有技巧。

因为面试的目的不只是得到岗位，还是得到合适的岗位。如果一个老师只传授答题技巧，就不是一个好老师，这是对单位和学生都不负责任的行为。

但回答这个问题确实有章可循。在这里，我不妨把我的理解拿出来和大家交流一下。

首先我们要明白，这个问题**本质上还是用来做“人职匹配”的。**

这个问题的完整题干应该是这样的：同学，就你所应聘的岗位来说，影响你未来开展工作的最大缺点是什么？

“金无足赤，人无完人”，每个人都有这样或那样的缺点。面试官真正想知道的是，你的缺点会不会**严重影响**你在所应聘的岗位上开展工作。那些产生影响一般，或者说非致命的缺点其实大家都能理解，而且能接受。

回答这个问题，第一要做到“真”

“真”，就是说实话，谈真的缺点，而不是撒谎说没有（除非你是圣人），或者变相地谈优点，或者谈模棱两可的内容。例如“我最大的缺点是对待工作过于认真”“我最大的缺点是追求完美”“我最大的缺点是过于执着”，这些回答会让人感觉你缺乏诚意，在“耍小聪明”，也容易惹恼面试官，从而得不偿失。要知道，**说实话不是技巧问题，而是原则问题。**

回答这个问题，第二要做到“准”

“准”，就是真正回应面试官所关心的问题，谈和职业能力有关的缺点，不要避重就轻。例如我就碰到过应聘事业单位管理岗位的同学说自己“专业成绩不够优秀，工程力学一直学不好”“意志不够坚强，减肥一直不能成功”“审美能力不强，陪女朋友逛街总挨批评”，等等。这类回答会让面试官觉得你没理解他的意图，答非所问，自然不会加分，有时甚至会觉得你比较“滑头”，从而产生不好的印象。

有些老师告诉学生：在谈到某项缺点时，注意这一缺点不应该对胜任所应聘岗位产生负面影响，这个其实大可不必。如果你的缺点确实和岗位的要求严重不匹配，那就应该果断放弃应聘，这也是对自己负责任的表现。比如应聘销售岗位，如果最大缺点是“不愿意与人打交道，只愿意独处”（仅相对岗位来说），就不要“赶鸭子上架”了，你要考虑其他更适合的岗位。隐瞒缺点以得到岗位，会为你将来事业的发展埋下隐患，可能成为你职业生涯中痛苦的一个根源。

回答这个问题，第三要做到“有”

“有”，是指有态度或者有行动。“你最大的缺点是什么？”这个问题也在考察你对自己有无清醒的认识，是否了解你的缺点和所应聘岗位所需能力的差距。有缺点并不可怕，可怕的是你根本不予以重视，没有要改善的态度。

还拿应聘销售岗位举例，假设你最大的缺点是“与人打交道属于慢热型，不能快速建立起信任关系”，但是如果有补充“最近从图书馆借了相关书籍在看，同时正在参加交际与口才的线下培训，希望能尽快弥补这个方面的不足”，这就不仅有态度也有实际行动了，这是面试官最希望听到的。但是注意千万不要撒谎，因为面试官可能会马上追问：“你借的是什么书？作者是谁？线下培训是什么时候开始的？是哪个培训机构办的？讲师是谁？”

没有行动，有准备行动的态度也可以，千万别弄巧成拙。

总之，理解面试问题的实质，并做到以上三点，最难的问题也就不难了。

而且，我们都知道，试卷上最难的问题的分值也最高，所以这个问题也是我们赢得高分的机会。

8. 克服面试紧张的小窍门

终于，有心仪的单位要面试自己了。这个工作对你来说是如此的重要，所以你发誓无论如何一定要拿下。可是，你越是重视这次面试，你就越紧张，越紧张就越担心自己发挥不好，担心发挥不好就——好了，不说下去了，再说下去你要崩溃了！还是教你几个克服紧张的小窍门吧。

一是冥想放松法。这个方法简单实用，适用于面试等待的过程。冥想大家应该都会，也不用正经八百地摆个瑜伽动作。你微微闭上眼睛，想象自己来到了世外桃源，坐在一片竹林之中，天空中有白云缓缓飘过，身边有小溪静静流淌，耳边是清脆婉转的鸟鸣……好吧，这是我想的，你不用和我一样。

二是积极暗示法。这个方法的要义在于不要暗示自己"不紧张"。"紧张"两个字输入的是负面信息。你越是告诉自己"不紧张"，你就会越紧张。不相信的同学可以做一个有趣的实验：闭上眼睛，告诉自己不去想辅导员的面孔。大家看看自己到底想没想到那张招人喜欢（讨厌）的面孔呢？正确的做法是用"我很镇定""我很松弛""我信心满满"等积极的词语暗示自己。这个方法适用于面试全过程。

三是自我愉悦法。拿出一张纸，在纸上画一个大大的笑脸，怎么开心怎么画。或者写上几句肯定自己的话，平时不怎么夸奖自己，这时候可以让自己高兴一下。对，使劲夸自己，直到嘴角露出满意的微笑。什么，这时候还能开心起来？为什么不呢？即便面试不通过，天也塌不下来。

四是手中持物法。面试紧张的时候，你会发现不知道应该把手放在哪里。此时，可以一手拿一支笔，一手拿一本日记本。尽管放心，考官不会怀疑你作弊。有时候，面试问题比较长，正好用纸和笔记录一下要点。或者拿一个装着简历的文件夹，通过主动向考官递送简历的方式缓解紧张情绪。送完简历，双手抱着文件夹总比玩纽扣好得多。

还有很多老师告诉我可以采用深呼吸法，但这对我来说好像不怎么灵。如果你感兴趣的话可以试试。

9. 面试最后一道附加题，很多人白白浪费了机会

参加过面试的同学，一般都有过这个经历：

一番轰炸之后，主考官宣布：“好了，同学，我们今天的面试就到这里，你有什么问题要问吗？”

有的同学不觉得这是一个面试问题，以为反正结束了，于是如释重负，回答：“没有要问的了。”然后匆匆离开。

其实，在面试过程中，没有一个问题是多余的。

这个问题，看似不经意，好像只是“端茶送客”的客套话，但实际上大有玄机。

从人的心理上来说，一般是对你有了期待或者良好的印象，才会有此一问。如果对你完全不“感冒”的话，面试官也巴不得尽快结束，节省时间考察下一位呢。

所以，这个问题，既是附加题，也是送分题。

如果我们回答“没有要问的了”，表面上看起来最安全，但实际上减分的概率很高，因为一般来说面试官会有三种解读：一是应聘者经验不足，不好意思问；二是应聘者对这个岗位的兴趣不浓；三是应聘者没有清晰的职业规划。如果面试官认为是第一种还好，如果是第二种和第三种，那很可能就一票否决了。

在我做过评委的面试中，有些同学确实抓住了这个机遇，问了自己关心的问题：

咱们单位能解决北京户口吗？

如果录用我，会给我派到外地分公司吗？

我们部门出差多吗？

转正以后，第一年的收入大概是多少？

单位加班多吗？如果加班，有加班费吗？

这个合同制岗位能转为正式的事业编制吗？

在行业内，咱们单位的待遇是什么水平？

……

我不知道，在这些问题中你曾经问过哪些，但只要你问了以上问题，就说明你没有理解考官的真实意图。

站在自己的角度，我们总是关心单位能给我们什么；但站在单位的角度，他们更关心你能够做什么，能给单位带来什么贡献。

关心户口、福利待遇等问题没有错，说出自己内心真实的诉求也没有错，错在不应该在这个时候提出这些问题。这些问题的答案，应该自己在面试前私下调研得来。提出这些问题，会让面试官觉得你只关注眼前的实际利益，而不考虑长远的职业发展。

在北京，由于落户的制度因素，尤其要注意户口的指标问题，容易让人误以为你就是奔着这个来的，而不是对单位和职位本身感兴趣。

我也遇到过一些比较符合面试官期望的问题，例如：

单位招聘的这个职位，对我的期望是什么？

未来几年，单位希望我做出什么贡献？

未来几年，这个职位的职业发展情况是什么样的？

这个职位需要什么特质的人？

如果录用我，工作内容具体涵盖哪些范围？

单位未来发展的大方向是什么？

……

其实，回答这个问题并不难。首先，从态度上，我们要**真诚，不要使用技巧，**去问我们实际上并不关心的问题，因为每个单位都不喜欢这样“油腻”的应聘者。其次，我们要按照“人职匹配”原则，去**问那些我们真正关心，能体现积极向上和为长远发展做准备的态度的问题。**

10. 小心！这些面试题表面上是闲聊，实则“暗藏杀机”

有过面试经验的同学也许碰到过这样的场景：

面试一开始，主考官就拿着一张纸念题目，请你认真听题并提示你有必要的话可以记录。这说明这些题目是所有应试者都必答的问题，此谓结构化面试。

固定题目回答完毕，主考官环顾左右，说：“现在还剩下一点时间，咱们随便交流交流。”

此时，气氛开始变得轻松。你以为正式的面试已经结束，剩下的时间就是闲聊了，于是长舒一口气。

但是且慢，放松的时候也是最容易犯错误的时候。只要你没离开，所有的闲聊内容也都是面试的一部分。

考官问你户口在哪里，父母做什么工作，家里几口人，有没有女朋友之类的问题，并不是想把如花似玉的刚从北大毕业的女儿介绍给你（虽然这种美事也有发生的可能性）。这些看似闲聊的问题与固定题目同样重要，所以还得请你再绷紧一会儿。

林老师根据多年担任面试官的经验，今天举几个闲聊的问题和大家分享：

在大学里你最喜欢哪位老师，为什么？

你喜欢哪位老师他都不认识，他也不关心，他真正关心的是你的理由，就是你喜欢的这位老师身上有什么优点，进而推断你是什么样的人，或者你希望成为什么样的人。展开一点说，假如你喜欢这位老师的理由是除了课讲得好以外，为人还正直善良，你从他身上学到了很多东西。嗯嗯，你的人品过关！

你的偶像是谁？

这道题考察的内容和上一题一样。注意谈到偶像时最好说职业偶像，而且最好是考官也知道的名人。你的七大姑八大姨，你多愁善感的同桌和睡在上铺的兄弟不是不能说，但要费很多口舌来描绘他们的特点。

最好不谈生活偶像，慎用演艺界、娱乐业、网红圈明星，例如我遇到有同学说喜欢范冰冰，因为最喜欢她在《还珠格格》里的表演，但是范冰冰因为漏税事件，丑闻缠身，这绝对会给面试者减分。有这个污点，恐怕在面试演员的时候也不方便提作榜样。

你希望你的领导是个什么样的人？

醒一醒，别天真地以为你可以选择领导。

既然不能选择领导，为什么还要这样问？

因为他想知道你想成为什么样的人。

但这道题和前两道题表面上有些相似，实则侧重点不同。

我们都明白，领导之所以能够成为领导，肯定都有其过人之处。所以无论和什么样的领导共事，都能从他们身上学到东西。要回答这个问题，**首先要表达自己可以适应各类领导风格的态度，然后多谈对自己的要求，**而不是对领导的期望。如果要提对领导的期望，也都要是正面积极的，但也是领导能做到的。你要说希望领导像周总理一样，哪个人还敢要你？！

同学，我最近在看《灵域》，你最近在追什么剧？能和我们分享一下吗？

听到这个问题，好多同学眉飞色舞。考官竟然如此接地气，简直是天使姐姐啊！

这其实是和蔼可亲的天使给你挖的一个“坑”。

首先，作为学生，学习和科研时间如此宝贵，你最好还是别追剧。

如果你忍不住非要说一说，那就说说那些能给你带来正能量的电视剧。那些闲极无聊、打发时光的电视剧此时不说也罢。

你的座右铭是什么？

在我高中的时候，好多同学都在日记本的扉页上写上了汪国真的一句话：既然选择了远方，便只顾风雨兼程。这就是座右铭。

这个问题最能体现一个人的性格和价值观，因此也是在“闲聊”的时候最容易被问到的问题。

不可否认，在一个多元价值观并存的社会里，很多观点都是可以被理解甚至包容的。但**就面试来说，一定要体现积极正向的思想和观念。**

在我担任专家的面试经历中，碰到最多的错误是在引用古诗词方面。

例如有的同学答："人生得意须尽欢。"

这是一个比较危险的答案，当时在场的所有考官都忍不住笑了。对这句话的理解既可以认为是活在当下、开心就好，也可以理解为人生苦短、及时行乐。而且这让人本能地联想到这句诗的下一句"莫使金樽空对月"——一个酒鬼的形象呼之欲出。

还有这个回答："宠辱不惊，闲看庭前花开花落。去留无意，漫随天外云卷云舒。"

这句话初看没啥毛病，这是很多人追求的思想境界，没准儿考官的办公室里就挂着这幅字，但是求职者这么早就"宠辱不惊、去留无意"，容易让人感觉你缺乏冲劲儿，进取心不足。

所以，面试之前，一定得背熟一条合适的座右铭。

11. 她跟你一辈子，影响你一生，你却从未见过她

我承认，这篇文章确实学习了“标题党”的做法。但如果你是毕业生，那你肯定已经猜到了我说的“她”是谁了，“她”就是我们的档案。

档案之所以神秘，是因为没有特殊的机缘，一般人还真见不到它的本来面目。

档案里都有啥？

有些事情，揭穿了其实就不神秘了。档案材料其实并不稀奇。让我们看看档案里都有啥：

一是学籍信息。具体有：从高中起的成绩单（一张都跑不掉）、高考志愿表，毕业生登记表，体检表等。

二是党团资料。你的入团、入党申请书，思想汇报，转正申请书等（有人是不是想起来还有点不好意思？）。

三是奖惩材料。一般都是重大的获奖或者受到比较严重的处分，或者是没有参加过某教组织的证明。我曾见过老一辈的材料，里面有“其父反革命，已正法”的字样，这个有点吓人。现在大学生很少有受到处分的了，大家不要担心。

四是人事信息。没参加过工作的大学生没有此信息。主要包括

就业通知单（就是报到证的下联，以前叫派遣证），工作之后的职工履历表、转正定级表、历年的考核表，在机关事业单位的有工资变动审批表等。

还有其它杂七杂八的各种证明材料，这就因人而异了。总之，年纪越大的人，档案内容越丰富。

档案到底有啥用？

有人说看了前面的介绍，觉得档案也没啥特殊的呀！千万不要小看了档案，它的作用概括起来就是：有它不觉得，没它可就麻烦了。

考研的，录取后要政审，看档案；

考公务员的，如果列入考察人选，一定会先查档案，验明正身，看是否有录取资格；

出国的，留学资格核实及出境审查要用到档案；

工作的，用人单位接到档案后，给你办理入职手续。转正定级、计算工龄、评职称、职务晋升需要档案；

退休的，办理退休手续时，也要以档案记录的出生日期核对年龄，以档案中记录的参加工作的时间来界定工龄，真是陪你一辈子。

看来看去好像都是别人查我们，但是反过来看，档案也是我们维护自身权益的重要工具。

总之，个人档案是证明我们从学校到各个工作岗位不同时期的轨迹，是具有使用价值和保存价值的文件材料。你浓缩的一生都在这里了。

最后提醒大家，最近两年档案转递工作有些变动，因大学生档案保密级别降低，毕业生档案不再经国家机要部门转递。高校会通过邮寄快递的方式将档案寄到用人单位，所以一定要提供准确的邮寄地址。万一档案丢失，你的历史可是无法找回的。

12. 毕业生到单位报到后，发现档案丢失怎么办？

在之前写的关于档案的文章发出后（详见《她跟了你一辈子，影响你一生，你却从未见过她》），我的一位同事在转发时写了一段很有意思的话，他说："档案的确是个神奇的东西，一个人的档案可能被很多人经手，由很多人添加内容，可一旦发生重要项目不完整或者缺失，倒霉的竟是自己，只好四处想办法开证明或补充。"确实如此，因为档案的保密性和重要性，很多档案管理人都不愿意承认"你的档案是我弄丢的"，而你也无从得知到底是哪个环节出了问题。这时候，追究谁的责任变得不那么重要，重要的是怎么把这些要命的材料给补回来。

好在，刚刚离开学校的大学生的档案资料还不太多，虽然不能把所有档案内容都原汁原味再现，比如入党志愿书、思想汇报这些具有时效性的东西，但大家也不要觉得天塌下来了。有几个非常重要的材料丢失了是可以补回来的，只是需要时间和耐心。

一是高考志愿表。幸运的是，高考志愿表现在是有电子记录的，可以到当地招生考试院补办。我考大学的时候全是手写的志愿表，丢失了确实补不回来了。

二是成绩单。成绩单在学校档案馆里有留存，可以再打印一份，再盖章。

三是就业通知单。就业通知单实际上是报到证的下一联。报到证在计划经济时代叫派遣证，一般单位的 HR 习惯上还将其称为派遣证，反正不管是就业通知单还是报到证、派遣证，你只要知道这些都是同一个东西就行了，这是你档案里最重要的材料之一。这个东西不能补原证，但可以补一份丢失证明，具有和原证一样的作用。流程是丢失者（我知道不是你自己，但没办法）到学校的就业指导中心写一个申请，学校的就业指导中心给你开具一份丢失证明（核心信息是报到单位和报到证编号），你再拿着这个证明到学校所在的教育主管部门换一个最终的丢失证明就可以了。

四是毕业生登记表。这个学校可以补发。

五是重大获奖信息。可以直接到发证机关开具证明。对于有些不方便由发证机关证明的，比如你获得了某国家部委的一项荣誉，如果是学校可以间接证明的，也可以请相关单位出具证明或在证书的复印件上盖章。

以上是一些重要材料的补救办法，限于本人经验，不一定都很恰当，届时还需要咨询档案管理部门。具体到每个人的情况可能不太一样。一旦发生这样“倒霉”的事情，怨天尤人是不管用的，一定要想方设法尽可能多地补充档案信息，以免今后给自己造成不必要的损失和麻烦。

13. 户口有多重要？苏轼告诉你：此心安处，便是吾乡

今天上午给学生做完就业知识与政策讲座后，在回单位的路上，一个同学截住我问："林老师，如果时光倒流，你重新找工作，单位不能解决户口，你还会不会留在北京？"

这真是一个尖锐的问题。但我的答案对他来说一点都不重要，因为我们决策依据的参数和变量完全不同。他要解决的是自己面临的现实困境；而我现在这个年纪，更关注的是这个城市能否满足我的精神需求，这份工作是否有意义以及带给我的成就感。年龄越大，价值观对职业选择的重要性就越凸显。

"如果我告诉你，我最初想留在北京，是因为我觉得看摇滚和民谣的现场演出比较方便，你会相信吗？"

学生一愣，笑着摇了摇头："老师你不会这么没理性吧？"

我只能呵呵，不知道该怎么回答他。

但我理解，学生如此纠结于北京户口，是因为在户口上捆绑了很多现实的利益，比如买房、买车、医保、子女入托入学、高考政策，等等。例如，按现行政策，有了北京户口，毕业后可以直接买房，但没有北京户口，就需要提供在京连续 5 年的社保或纳税证明，而且只能购买一套。

学生如此在意这张纸，归根结底，是在意这张纸带来的安全感。

所以，我们不必惊讶于学生的选择如此现实，因为我们自己也没有那么超脱。

很多时候，恰恰是我们这些过来人太在意那些物质的得失；

恰恰是我们这些过来人丢失了诗和远方；

恰恰是我们这些过来人制造了焦虑和不安；

恰恰是我们这些过来人掐灭了他们心中理想的火苗。

所以，我们教学生用“平衡单”法做职业选择，赋予各种利害、得失权重和分值，得分最高的就是最优选择。

也正因为这些现实的算计，有人因为一张北京户口放弃了钟爱的工作；有人因为一张北京户口放弃了喜欢的人；有人因为一张北京户口铤而走险。

可是，个人兴趣该占多大比重呢？工作意义该打多少分呢？人生理想该如何赋值呢？

晚上偶读苏轼的《定风波·常羡人间琢玉郎》，看到他在序言中讲了这样一个故事：

苏轼的好朋友王定国因为受到“乌台诗案”的牵连，被贬谪到岭南荒僻之地的宾州。在那个年代被贬到宾州，基本上是九死一生。王定国为了不牵连别人，遣散了他的歌妓。但有一个叫宇文柔奴的歌妓毅然随行到岭南。元丰六年，王定国活着回来了，与苏轼重逢之时把酒言欢。席间，苏轼小心翼翼地问柔奴："广南的风土应该很不好吧？"柔奴回答："此心安处，便是吾乡。"苏轼听后，大受感动。

看了这个故事以后，我忽然找到了答案。如果还能遇到这个同学。我会告诉他："如果你确实喜欢这个城市，同时，也是最关键的，你热爱自己所从事的工作，那么，有没有户口就变得没那么重要了。我们总会有办法克服那些现实的困难的。"

在职业选择上，一个人最大的幸福不在于得到北京户口，而在于把谋生的工作做成事业。

此心安处，便是吾乡。

14. 到国际组织实习、任职，这里有四盆冷水浇头

目前，毕业生到国际组织实习任职成为新的热点。

从国家层面来看，这是在国际舞台上贡献中国智慧、传播中国文化、发出中国声音的重要载体；从个人层面来看，在联合国秘书处、世界教科文组织、世贸组织等大家耳熟能详的单位工作，不仅能力会得到锻炼和提升，而且感觉上也很“高大上”不是？很多毕业生，包括低年级的学生对此都产生了浓厚的兴趣，纷纷通过各种渠道打听如何才能成为国际组织中的一员。

我自然是支持同学们成为国际公务员的，这是好事儿。但是作为就业指导老师，我希望同学们能够对此有比较深入的了解，理性选择，而不要盲目跟风凑热闹。在这里，老师不合时宜地先浇上四盆冷水：

第一盆冷水：你的包里有钱没？

在国际组织工作的福利待遇确实不错，但对绝大多数应届毕业生来说，在国际组织只能实习，不能任职。有在国际组织实习或从事相关工作的经历的人才会有机会任职，而实习生是没有工资的。虽然国家、地方及学校会有项目资助学生到国际组织实习、任职，但毕竟需要经过激烈的竞争，而且资助名额有限。如果没有其他资

助来源，那你就需要考虑如何在国外生存下去。如果你来自贫困家庭，父母迫切需要你赚钱来改变家庭经济状况，那么，这将是老师泼给你的最大的一盆冷水。

第二盆冷水：你是否做好了足够的心理准备？

到国际组织实习、任职，你将背井离乡，与一群宗教不同、文化不同、信仰不同、生活习惯不同的人共事，这种跨文化的交流障碍不是三天两天就能克服的。世界人民大团结只是美好的愿望，国际组织内一样有复杂的人际关系，除了包容的心态，还需要你有足够的智慧，交际能力和适应能力也要足够强。

第三盆冷水：你是否考虑到了工作风险？

在国际组织工作，很多人只联想到鲜花和掌声，联想到人前的风光无限，殊不知有的工作也有着一定的人身风险。比如世界卫生组织，疫情发生时可能需要你到现场；比如安理会的维和工作，可能会安排你去动荡不安的国家。这些是实实在在的风险，比不得坐在家里吃花生米，看好莱坞大片。

第四盆冷水：你的本事够不够？

国际组织岗位的竞争激烈程度比国内一般的就业岗位更加残酷，淘汰率非常高。应聘国际组织，除了专业能力，你至少需要掌握两种联合国官方语言。有些同学说，咱们母语加上英语不是正好吗？

说句实话，由于目前汉语和俄语的使用范围具有一定的局限性，对中国学生来说，除了英语，最好是懂法语、阿拉伯语或西班牙语，而且不是一般地懂，是要能用外语表达专业知识和理念，这样才容易在激烈的竞争中胜出。

我相信，仅外语一项，很多同学就会被挡在国际组织的门槛之外了吧？

好了，这四盆冷水浇头，你还能不咳嗽、不感冒，心中的小火苗继续燃烧，那么，我还有什么说的呢？去吧，带着祖国殷切的希望，带着师长沉甸甸的嘱托，到国际组织实现你的人生理想！祝你一路顺风！

15. 毕业了，请拿了报到证再走

每年夏季期末，都有一大群小蝴蝶怀揣着沉甸甸的嘱托和殷切的希望，即将飞出母校的小门，飞入社会的万花丛里。可是且慢，作为一个就业指导老师，还有一个小小的建议请你带上，那就是：毕业了，请拿了报到证再走！报到证这东西和中国的人事制度紧密相关，是中国不折不扣的“土特产”。

老实说，每次当我试图讲讲报到证的时候，我赶忙抖抖手呀抖抖脚，做做深呼吸，因为要把这张小纸片的前世今生和它的作用解释清楚的难度系数不亚于先做 3 个前空翻，再 360 度转体，再 720 度回来。

在将它说清楚之前，请大家先看看它的长相：本、专科生的穿着蓝衣服。

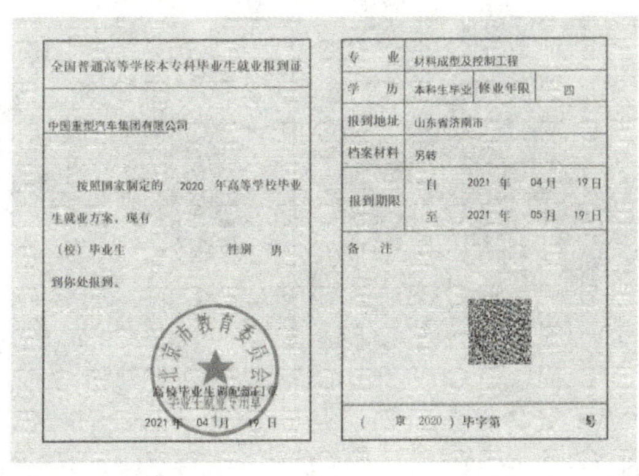

全国普通高等学校本专科毕业生就业报到证

中国重型汽车集团有限公司

按照国家制定的 2020 年高等学校毕业生就业方案，现有

（校）毕业生　　　　性别　男

到你处报到。

北京市教育委员会

2021 年 04 月 19 日

专　业	材料成型及控制工程		
学　历	本科生毕业	修业年限	四
报到地址	山东省济南市		
档案材料	另转		
报到期限	自 2021 年 04 月 19 日 至 2021 年 05 月 19 日		
备　注			

（ 京 2020 ）毕字第　　号

研究生的穿着粉衣服。

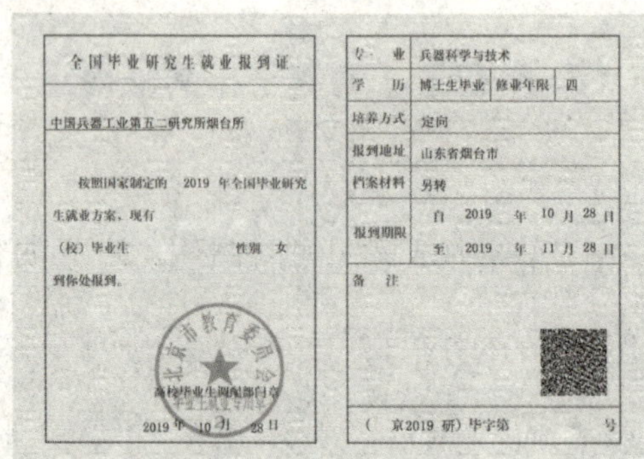

全国毕业研究生就业报到证

中国兵器工业第五二研究所烟台所

按照国家制定的 2019 年全国毕业研究生就业方案，现有

（校）毕业生 性别 女

到你处报到。

北京市教育委员会 高校毕业生调配部门章

2019 年 10 月 28 日

专业	兵器科学与技术		
学历	博士生毕业	修业年限	四
培养方式	定向		
报到地址	山东省烟台市		
档案材料	另转		
报到期限	自 2019 年 10 月 28 日 至 2019 年 11 月 28 日		
备注			

（ 京2019 研）毕字第 号

它的背影：

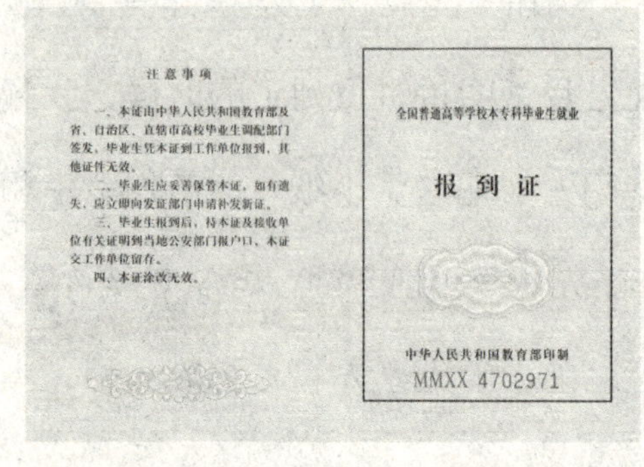

注意事项

一、本证由中华人民共和国教育部及省、自治区、直辖市高校毕业生调配部门签发，毕业生凭本证到工作单位报到，其他证件无效。

二、毕业生应妥善保管本证，如有遗失，应立即向发证部门申请补发新证。

三、毕业生报到后，持本证及接收单位有关证明到当地公安部门报户口，本证交工作单位留存。

四、本证涂改无效。

全国普通高等学校本专科毕业生就业

报到证

中华人民共和国教育部印制

MMXX 4702971

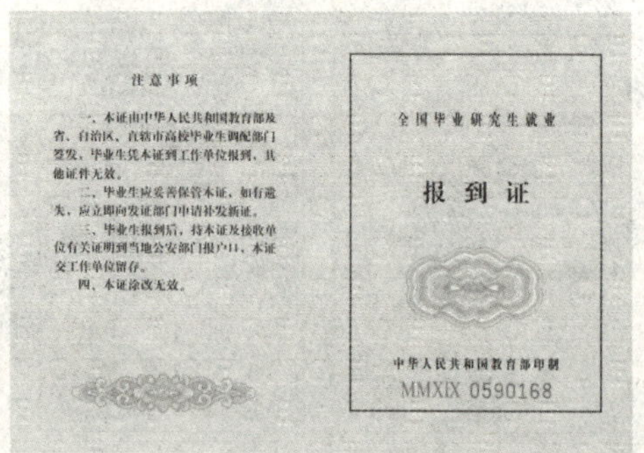

注意事项

一、本证由中华人民共和国教育部及省、自治区、直辖市高校毕业生调配部门签发，毕业生凭本证到工作单位报到，其他证件无效。

二、毕业生应妥善保管本证，如有遗失，应立即向发证部门申请补发新证。

三、毕业生报到后，持本证及接收单位有关证明到当地公安部门报户口，本证交工作单位留存。

四、本证涂改无效。

全国毕业研究生就业

报到证

中华人民共和国教育部印制

MMXIX 0590168

报到证，曾用名派遣证、就业派遣报到证。在计划经济时代，学校毕业生分配办的老师在这上面写上你和单位的名字，你就只能

“从一而终、不离不弃”了。那时候毕分办的老师能“包办婚姻”，不像现在的老师，主要做“月老”，牵线搭桥。所以，过去的派遣证真能决定人的命运。现在派遣证改名叫报到证了，权利没有了，可它的作用还是很大，我们挑几点重要的来说：

首先，它是毕业生到单位报到的证明。毕业生到工作单位就业时，必须把这个证交上，用人单位凭报到证为毕业生办理接收手续。报到证是毕业生参加工作时间的初始记载和凭证，上面的日期是工龄的开始年限，与退休年龄和养老保险交纳年数都有关。这个非常重要啊！有很多头发花白的老校友回学校开报到证丢失证明，就是为了办理退休手续用的。因为报到证丢失、工龄问题界定不清而与“老东家”打官司的，不计其数。

其次，当地公安部门凭报到证和户口迁移证（或户口卡）为毕业生办理落户手续。少了一个证，户口落不成。

再次，报到证的下一联也有一个名字，叫“就业通知书”。学校档案部门依据就业通知书，为毕业生办理档案转递手续。

最后，报到证是毕业生干部身份的证明。很多同学一听说干部身份就笑了，心想我不想当官，要这身份干什么？但是你要是没有报到证，即便在私企、外企工作，也需要有人才中介机构给你做转正定级手续，前提是你得有报到证。至于在党政机关、国有企业和事业单位工作的小伙伴，没有干部身份，那升迁就成问题了。

说了这么多，是不是每个同学都有报到证呢？也不是，如果你毕业时考上研究生或去做博士后，是没有报到证的。除此之外，就业的，有派遣到工作单位或代理机构的报到证；出国的和待就业的（行话叫“二分”，回原籍二次分配的意思），有回原籍就业主管部门的报到证；自主创业的，和“二分”学生待遇一样，有回原籍的报到证。

报到证是计划经济的产物，它的消失也已经指日可待，但是在它“寿归正寝”之前，建议你还是别忘了它。带上吧，带上吧，它非常重要，却不沉重，只有1克。

16. 关于创业，很少有人告诉你这几件事儿

新华社记者采访我关于就业的事情，结尾时请我对创业提点建议。面对中央媒体，我不敢满嘴跑火车，所以说得不多。这两天，一个朋友因为创业的事情找我咨询了两次，希望我这位臭皮匠抵得上三分之一的诸葛亮。

老天！连我这种乡村赤脚大夫都要给创业者出谋划策，可见如今的创业有多热！不断地有创业的人和事刺激我，导致我忍不住在这里和创业者们唠几句可能让人比较扫兴的话：

大众创业，但创业成功者绝对是小众

“大众创业、万众创新”。

各种大学生创业园、创业谷、创业苗圃、众创空间、孵化器、创业实训基地如雨后春笋般在神州大地上涌现。那么，大学生创业的情况到底怎么样呢？

据麦可思发布的《2018 年中国大学生就业报告》数据显示，大学生毕业即创业比例连续 5 年上升，从 2011 届的 1.6% 上升到 2017 届的 2.9%。2017 年全国高校毕业生 795 万人，如果这个调查靠谱的话，那么这是一个多么大的群体。但是也有调查显示，毕业时创业，3 年后还存活的约为 1 个百分点，就业后再创业的约为

4.7 个百分点。

看来创业的情况并不如人们想象的那般乐观。人们习惯把那 1% 的成功者视为追求的榜样，却往往忽略了那 99% 的失败者的泪光。

所以，谈到创业，被大学生视为创业教主的俞敏洪说：“我不主张大学生创业，大学生的项目我迄今为止一个都没有投，即使投也是毕业 3 ~ 5 年的大学生。”

有人拼命为成功的创业者喝彩，但不会有人为失败的创业者负责

有一位在高校负责创业工作的老师和我讲，要大胆鼓励和支持大学生创业，一年中有 20 个校友创业，只要有 1 个做大就算成功了。因为感恩母校的帮助，将来他就有可能慷慨地给母校捐款。对学校来说，也就是免费使用一两年场地而已，绝对是一本万利的事情。

站在他的角度，他似乎是对的。是的，总会有人成功的。

但说这种话的人想到的是那 1 个校友的捐款，而不会为那 19 个失败者负责。那 19 个人，有人可能花光了家里所有的积蓄；有人可能正在躲避债主的登门；有人可能血本无归，正为明天的生计发愁。

大学生的创业工作，对学校来说，其根本还是创业教育和创业精神的培养，而不是催生一大堆创业公司。

商场如战场，遵循的是丛林法则。来自政府和学校的支持都是暂时的，想最终活下来，还得靠自己的跌打滚爬。

但个别高校弥漫着急功近利的倾向。突出表现为追求“三大”：一是有一个大的场地，二是有一大拨创业团队，三是有若干个做大的典型，最好是销售额过千万或过亿。这样，当各路领导参观考察时，就有了显示度，就有了示范效应。

创业者从不缺少热情和理想，缺少的是领导力和好的团队

有一天，我坐地铁的时候，站在我身边的三个大学生模样的男孩正在热火朝天地谈论着他们的创业项目。从他们的言谈之间，我听出这是几个准备创业的学生，他们刚刚听了一场学校举办的某创业大咖的讲座。

看得出他们受到了那位大咖的强烈感染。他们热血沸腾、激情澎湃，也准备合伙开一家公司玩玩。几个年轻人描绘着公司的宏伟蓝图：第一年吸引风险投资，第二年扩充规模，第三年上市，第五年成为亿万富翁，在香山脚下买栋豪宅，云云。这也许是这一代年轻人时髦的理想吧，和我们那一代老家伙完全不同。

在受他们的热情感染的同时，我也有一丝担心。

现在讲座的套路大多是成功者先“痛说革命家史”，然后介绍成功的经验，最后来碗“心灵鸡汤”：只要你坚持梦想，就会成功！

鲜有人谈到失败的教训。即便谈到失败，也如刘欢所唱的“心若在梦就在……只不过是从头再来”。**而那些无法从头再来的人，自然也就没有机会站到大学的讲台上。**

我曾经问一个投资机构的负责人，他最看重大学生创业项目的什么？这个经常受邀做创业大赛评委的老总说，创业项目能否胜出不在于创意和市场前景，绝大部分项目都有创意，也都有不错的市场前景。问题的关键在于是不是有能实现这个创意、把市场前景变现的人。他最看重的第一是创始人的领导力，第二是创业团队的构成。

但领导力不是看了几本管理学教程和在机场书店买套 DVD 就能学会的。团队的组建是人力资源管理的一大学问，有时候甚至是可遇不可求的。这可能是很多大学生创业公司昙花一现的最主要的原因。

17. 西蜀刘备在大学生创业高端论坛上的发言

各位嘉宾、各位同学：

大家好！我是西蜀集团董事长兼CEO刘备，今天受林老师之邀，穿越千年参加“北京理工大学大学生创业高端论坛”，感到非常荣幸。刚才，阿里九九董事长牛雨、千寻董事长李彦白分别介绍了他们互联网+的创业经验，我受益匪浅。主持人说我是传统行业的创业达人，请我做一个主题发言。其实，我创业也不算很成功，公司规模在全国仅排名第三。不过，看到今天在校大学生的创业热情如此高涨，我还是很愿意以过来人的身份和大家分享一下我的一些经验体会。

准备比机会更重要

目前，谈到创业，很多人都会想到“机遇”这两个字，甚至有人认为某人成功完全是因为运气好。对此，我非常不同意。我当年白手起家之时，确实赶上了好时候。东汉末年，天下大乱，正好又碰上政府在镇压黄巾起义，我趁这个机会和拜把子兄弟关羽、张飞成立了一个以剿灭黄巾为主营业务的小公司。但是，我并不是在黄巾起义时才想到创业的，我在幼年之时就立下了要当天下董事长的远大志向。我在少年时期就经常结交一些豪杰侠客，仗义疏财，经营自己的名声。虽然家里穷，但我也想方设法凑足学费，拜当世大儒卢植和郑玄为师，并注意和官二代公孙瓒等同学搞好关系。长期的人脉经营使我在初期激烈的市场竞争中生存了下来，并不断扩展自己的影响力。设想一下，如果之前我只是一心一意地做我的个体户，那么当机会来临时，我也只能提着草鞋站在故乡的大桑树下望洋兴叹了。后来唐朝有个叫杜甫的诗人就抒发了这样的感慨：惨淡风云会，乘时各有人。这里说的就是我。所以，如果你想创业，什么时候都有机会，关键是你要时刻做好创业的准备。没有准备，机遇来临时你也抓不住。

创业的核心是创团队

大家都知道我是草根创业，而且我的事业风险极高，随时都得准备掉脑袋。所以选择最初创业的伙伴非常重要，因为他必须具备四个基本条件：一是对老板极度忠诚；二是对事业的高度认同；三是具备所需的基本素质；四是团队成员能力互补。前三条，我的团队成员关羽、张飞及后来加入的赵云都具备。他们不仅忠诚，而且还都是万里挑一的猛将。但是第四条不具备，他们的本事是能打架，但是缺少谋略，而且我本人也没有清晰的企业发展战略，这就是我被人追着打、到处颠沛流离的原因。直到在荆州招聘到诸葛亮和庞统，才算补齐团队的短板。我们公司后期能取得“三分天下”

的市场份额，关键还是靠这个核心团队的作用。

不过，需要提醒两点：一是组建团队时一定要建立激励机制。因为现在的环境和我们当初组建团队时的环境不一样。过去我们讲“义”；现在你们讲“利”。过去我们招聘主要靠人格魅力，讲究情投意合，比如我的小弟关羽，曹操给了他金钱、权力、美色，还有很高的荣誉，可是他一打听到我的下落，还是抛弃一切，冒着生命危险来找我，这在今天是无法想象的。今天只要有人给出更好的待遇，你的员工就很容易跳槽。二是注意团队的互补性。团队里如果都是张飞这样的人，执行力很强，但是他不知道下一步的努力方向，肯定不行。团队里如果都是诸葛亮也不行，大家都指手画脚，那就没人干活了。

经营你的品牌

我当初创业的时候，面临两大困难：一是没钱，我家贫如洗，贩卖草席、草鞋赚不了几个钱，没资金招兵买马；二是没背景，不像袁绍他们家“四世三公”，门生故吏遍布天下。之所以不断有顶尖人才加入我的公司，关键的关键，是我建立了良好的个人品牌。用诸葛孔明先生的话说就是“信义著于四海”。但是好口碑可不是吹出来的，需要平时一点一滴地积累。因为我之前的信誉，创业之初就得到了中山大商张世平和苏双的天使投资：良马五十匹、金银五百两、镔铁一千斤。这些使我的队伍扩编到五百余人。再比如我帮徐州 CEO 陶谦做好事儿，于是人家曾三次想把公司无偿转让给我，我都不要，为此全天下都夸我仁义。再比如在益州 CEO 刘璋求我帮忙抗击汉中张鲁的时候，军师庞统就建议我在和刘璋见面时搞突然袭击，夺取益州领导权，我就死活不干，因为这样虽然奋斗成本最小，但会使我失信于天下，我苦心经营的品牌价值就没了。正是因为对个人品牌的长期坚守，在我屡战屡败时我的核心团队也能坚持和扩大。所以，公司要想长远发展，一定要建立和经营自己的品牌。

创业最需要的不是投资，而是耐心

现在，创业浪潮席卷神州大地，当今政府鼓励“大众创业，万众创新”。一大批青年创业典型成为媒体关注的焦点。他们年纪轻轻就拥有巨额财富，宝马香车、美人环绕，羡煞众人。许多年轻人都坐不住了，梦想着快速致富。“一年盈利、两年融资、三年上市”是我听到的最多的口号。反观我自己的公司，一直都坎坎坷坷。我 23 岁开始创业，公司不断被兼并重组，最惨的时候我的团队被打散，我只身一人跑到河北给袁绍打工，直到 47 岁还寄居在刘表的荆州，没有一个稳固的根据地。47 岁以后，公司才不断扩张，直到 61 岁才当上西蜀的皇帝。

所以成功并没有我们想象的那么容易，也没有别人宣传的那么容易。我比较喜欢《老子》这部书。《老子》中从来不谈成功，而是谈“功成”，就是功到自然成。现在的人们已经很少这么说了。你们这个时代有个叫褚时健的老头非常令我钦佩，他 74 岁时从监狱出来开始创业，应该说是来日不多了，但心态极好。他说：“果树每年只能长这么高，肥料、水源等问题都是原来想不到的，所以急不得。”我也知道你们都想快速飞，但路总要一步一步走，确实急不得！

18. 既已选择“二战”，还有什么需要挂念？

这篇短文专门回答准备“二战”（毕业后不就业，准备继续考研）的同学的一些疑问，但是内容不是备考的“秘笈”或者“心法”。这里仅回答几个“二战”的同学最关心或容易忽略的政策问题。

报到证还有吗？

报到证即过去所说的“派遣证”，目前仍未取消，依然在发挥它的作用，不了解报到证的同学，可以参考前面的文章《毕业了，请拿了报到证再走》。

准备考研的同学，虽然没有具体工作单位，相当于“待就业”，但一样有报到证。按照现行政策，学校会发给你抬头为原籍就业主管部门的报到证。

档案去哪里了？

报到证的下一联，名字叫“就业通知书”，它会成为你档案里面最重要的资料之一。毕业离校时，学校的档案管理部门将把档案转往你的原籍就业主管部门。

原籍就业主管部门的名字，各省的情况可能不一样。

例如北京市的是各区县的公共就业服务中心，天津市的是“天津市大中专毕业生就业指导中心”，上海市的是“上海市学生事务中心”，河北省的是“生源地所在设区市人力资源和社会保障局”。

有些省份的就业主管部门的名字不太好记，例如陕西省的是各市人力资源和社会保障局（杨凌示范区、渭南市、延安市、商洛市为人才交流服务中心，汉中地区是各区县人才交流服务中心）。大家可以到各学校的就业信息网上查询具体信息。

户口迁到哪？

一般情况下，你有两种选择。一是直接把户口迁到入学前户口所在地；二是先把户口迁移地址写为原籍就业主管部门。如果原籍就业主管部门可以托管户口，就不用迁回家庭户口所在地。如果原籍就业主管部门不托管户口，再迁到家庭户口所在地。

如果在上学期间，父母因工作调动等原因，已经换了城市。请及时携带相关证明到学校就业部门更改生源信息，否则这会影响你的户口的正确迁移。

特别提示：有的同学想把户口、档案留在学校，此举毫无必要。因为你已经毕业，即便档案、户口在学校，在办理政审等手续时学校也不能出具相关证明，最后还是要迁回原籍。

干部身份还在吗？

很多同学都很担心：没就业是不是就失去干部身份了？这个担心大可不必。因为你所谓的干部身份其实还没有得到，也就谈不上失去。何也？因为干部身份必须是你在单位工作一年，做了“转正定级手续”后才有。

不过需要注意的是，一般毕业生择业期是两年。两年内仍未考取研究生的，你就要咨询当地就业主管部门后续如何处理了。因为有个别地方两年后会把你视为“失业”人员，把档案转回街道。这时候你就真的失去干部身份了。

工龄有吗？怎么计算？

这个真没有，工龄是指参加工作的年限，只有参加工作了才会有。有的同学以为有了报到证就会计算工龄，这纯粹是个误解。

19. 留学回来怎么办？

现在，大学应届毕业生留学的群体是越来越大了。即便是在受疫情影响的2020年，也有很多学校本科生的出国深造率达到15%以上。与此同时，对这部分群体的就业指导工作也逐渐变得重要起来。今天，林老师主要回答申请留学的同学们问得最多的一个问题：**留学回国后就业手续怎么办？**

在回答“怎么办”的问题之前，首先回答“找谁办”的问题。

找谁办？

目前，国内只有一家机构经教育部授权办理留学生派遣业务，即教育部留学服务中心，在江湖上简称“留服”。留服依据国家留学政策及地方政府制定的相关政策和规定，为符合相关要求的留学回国人员办理就业报到和落户手续服务。

特别提示：回国赴上海、深圳工作的留学人员不需要在留服办理就业报到和落户手续，办理要求和相关手续需咨询当地人社局（引智办）。那么，什么叫“符合相关要求”呢？

有什么要求？

第一，你得在国外取得大学专科以上学历，并且留学时间不能少于一年（满360天）；

第二，你得在留学中心做学历认证。证明你不是在克莱登等“野鸡”大学毕业的。牛津的、剑桥的、麻省理工的，都不例外；

第三，出国前你未就业或已办理解除公职手续。也就是说，你要是单位派出的留学回国人员，那你就不在派遣之列。

特别提示：申请在北京落户的需在国外取得硕士以上学位（含硕士），且在学业结束回国两年内。申请到其他省市省会城市（不包括上海、深圳）落户的需大学本科以上学历。

能否全国就业？

很多同学都咨询能否把档案户口暂存学校，这样回来就业方便。其实，这纯粹是多此一举。因为留学回国后不管档案户口在哪里，都可以全国范围内派遣（当然，不包含港澳）。而且学校并没有资格对留学生进行派遣。

有什么流程？

所有人都要走的规定流程是：学历认证、与用人单位建立劳动人事关系、登录留服网站就业落户服务系统（http://www.cscse.edu.cn）在线申请。

但在不同地区就业，或不同的生源就业，办理就业手续的流程是不一样的。简单地说，如果你是北京人，在北京就业，可以直接携相关材料到教育部留学服务中心办理就业手续；如果你是京外生源办理在京就业手续，就需要你的聘用单位先在教育部留学服务中心的就业落户服务系统备案注册，然后由单位统一办理你的就业手续；如果是在京外就业，个人现场申请或邮件申请都可以。

每种情况需要准备的具体材料这里就不一一列举了。届时你可以直接咨询教育部留学服务中心，相信你回国的时候就把老师忘了。

20. 出国留学前，先落一个北京户口，这样的好事有没有?

众所周知，北京户口的口袋越收越紧，这不仅影响应届毕业生就业，对留学群体也产生了较大影响。

过去，也就十年前吧，只要有留学的机会，大家一定会来一场“说走就走的旅行”，不用瞻前顾后。因为留学生还是就业市场的稀缺资源，回国后不愁找不到工作。但是现在不一样了，披在留学生身上的“金衣”早已被市场无情剥去。走进任何一个高级人才的招聘会现场，都会看到“本科生像条狗，研究生满场走，留学生一大溜”的求职盛况。你要不是在斯坦福、剑桥、伯克利、东京大学等这些东西方牛校取过经的，还好意思出来混?

在国外一般大学留学回来的学生，相较于国内好的重点大学的学生已经不具备比较优势。留学回来一样可能找不到能解决户口的北京单位，这成了一个共识。

当留学归国人员感叹“不是我不明白，这世界变化快”的时候，一个现实的问题摆在准备出国者的面前：要不要先找个能解决户口的北京单位，以后再想办法出去?当然，最好能有一个办法，既让你拥有了北京户口，又让你能出国留学，回来后还能自由择业。有人说，有这种想法的人太贪心了，哪有那么多好事？便宜都让你占尽了！在这里，林老师不讨论人性的问题，只从技术上讨论是否可行。

假设你已经被国外某高校录取，又被在京某单位录用。那么，为了得到这份工作和户口，你需要和单位签订就业协议，学校按协议上报就业方案，然后发放就业报到证。**按现行的就业制度，学校只能上报学生的一种毕业去向，出国就是出国，就业就是就业。**在此期间，学校不能为你办理出国手续。你到单位报到后，如果想继续出国，就必须和单位协商。大多数情况下，如果不是特别急需，单位是不会同意刚刚入职的员工出国深造的，以后有没有机会那就看你的造化了。所以，这个美梦破裂是大概率事件。

如果你运气好，单位恰好同意你深造，你将以在职人员的身份留学，但这是小概率事件。

你留学回来，不想继续留在原单位，又找了一个你觉得更理想的工作。一个新的问题来了：如果新单位的进人指标走的是应届毕业生系列（一般国家机关、事业单位居多，工作调动的极少，除非你是业界“大牛”），那么**教育部留学服务中心不能为在职人员签发报到证，新单位也将无法正常接收，相关政策见上一篇《留学回来怎么办？》。**

最后总结一下：出国我所欲也，户口亦我所欲也。如果想二者兼得，就应该在签约前了解这家单位是否同意你一入职就可以出国深造；如果你根本就没打算在这家单位干下去，最好不要做这种损人不利己的事情，这样既浪费了单位的进人指标，回国后你也无法正常派遣。